股市价值投资之道
散户实战说明书

孟 可◎著

中国铁道出版社有限公司

CHINA RAILWAY PUBLISHING HOUSE CO., LTD.

图书在版编目（CIP）数据

股市价值投资之道：散户实战说明书/孟可著. —北京：中国
铁道出版社有限公司，2023.9（2024.12 重印）

ISBN 978-7-113-30303-7

Ⅰ.①股… Ⅱ.①孟… Ⅲ.①股票投资-基本知识 Ⅳ.①F830.91

中国国家版本馆CIP数据核字（2023）第104920号

书　　名：**股市价值投资之道——散户实战说明书**
　　　　　GUSHI JIAZHI TOUZI ZHI DAO: SANHU SHIZHAN SHUOMINGSHU
作　　者：孟　可

责任编辑：张亚慧　张　明　编辑部电话：（010）51873035　电子邮箱：lampard@vip.163.com
封面设计：宿　萌
责任校对：安海燕
责任印制：赵星辰

出版发行：中国铁道出版社有限公司（100054，北京市西城区右安门西街 8 号）
印　　刷：河北宝昌佳彩印刷有限公司
版　　次：2023 年 9 月第 1 版　2024 年 12 月第 2 次印刷
开　　本：710 mm×1 000 mm　1/16　印张：13.5　字数：197 千
书　　号：ISBN 978-7-113-30303-7
定　　价：79.00 元

| 序言 |

作为一个投资者，我在A股已经投资27年了，以往的投资经历就如发生在昨天一样。27年里我从一个普通小散户一步步走到今天，可以说历经挫折才有现在的投资成就和投资感悟，所以，我非常清楚作为一个散户在股市中进行投资意味着什么。它意味着普通投资者把自己多年的积蓄投入市场，甚至于把自己的人生梦想也寄托于股市。但是，绝大多数散户最终会发现市场的无情，他们在股市中的投资往往都损失惨重。

在我看来，普通散户在股市里投资失败最主要的原因是在进入市场的那一天就走错了投资之路，我当年也曾在股市里误入歧途，损失惨重。所幸后来我找到了正确的投资方向，成为一个专业的投资者。

什么是正确的投资之路？它应当包含这几个要素：以概率为核心，以价值投资为基础，以投资组合为工具，以认知人性为灵魂。走在这样的投资之路上才能正确地认知市场与认知自己。

股票投资是一场修行。修什么呢？其实是修人性。技术好学，人性难炼。各行各业到最后其实都是如此。我们在投资中经常会遇到这种情况，内心会出现两种互相矛盾的看法，一种是理性的，一种是感性的，而绝大多数人在这时都会因为服从感性的判断，而失去理性。毫不夸张地说，人的一生都伴随着理性与感性的斗争。在人生里有时我们可以感性，但是在投资中我们却一点儿也不能感性，因为感性投资可能意味着损失惨重。

同绝大多数普通投资者一样，我年轻时就有一个梦想，那就是成为一代"投资大师"。几十年来我一直为了这个梦想而努力。1996年的秋天我开始进入A股市场，当时我像很多普通投资者一样每日忙于看盘和追逐市场热点。多年以后，我才明白这是一条投资的歧途。

价值投资才是投资的康庄大道。以价值投资为核心，利用市场心理寻找投资机会，反观自身以保持理性，这样的投资才是每个投资者应追求的投资之路。人到中年以后，随着对投资的理解越来越深，我越来越深刻地意识到投资即人生，人生即投资。投资的方法和原则就蕴含在我们的日常生活中，投资与做人没有本质上的区别。

我经常在网络平台上写作，整理自己多年来的投资经验，思考股票投资的规律。现在我把自己多年的投资经验和体会写于本书之中，希望有缘的朋友能看到此书，并从此走上正确的投资之路。

孟　可

2023年6月

| 目 录 |

第1章

为什么散户炒股赚不到钱

1.1　为什么说大多数人炒股是亏损的

不少投资者学习了大量的股票投资知识，有着多年丰富的炒股经验，并且不断地进行反思，但是多年下来依然没有赚到什么钱。

这其中的原因是什么呢？主要是因为投资者缺乏基础性的投资认知。另外，人性的弱点使投资者进入股市后就出现了认知偏差，走在错误的投资道路上。

盖一幢房子先要夯实地面，打好地基，然后才能开始一层一层地向上建楼。这个"地基"就是基础性的投资认知。地基的结构虽然很简单，但是却能支撑起万丈高楼。在投资中，这些"地基"就是最简单的投资常识和逻辑。

1.1.1　基础性投资认知缺乏

基础性投资认知虽然在表面上看似很简单、容易应用，且容易被投资者忽视，但实际上它们却是股票投资的重要基础。绝大多数投资者都缺失这些最简单的投资常识和逻辑。这些基础的认知是我们进行投资的最坚实的基础。无论是技术分析还是价值投资，都存在大量的基础性的投资常识，它们需要投资者理解透彻并且落实到细节上。例如，绝大多数投资者对成交量、投资预期、企业发展周期、市盈率等投资中的基础概念都缺乏深入的了解，甚至存在错误的认知。

1. 成交量

例如，"成交量放大"在股票交易中是好现象还是坏现象的问题，绝大多数投资者都搞不清楚。有的人说成交量放大是好事；有的人说成交量放大是坏事；有的人说成交量在高位放大是坏事，在低位放大是好事；有的人说成交量放大要看换手率是多少，还要配合技术参数等综合判断才行。

这些投资者关于成交量的认知都是错误的！成交量是什么？成交量是买方

和卖方讨价还价的结果。也就是说，成交量的背后是买方和卖方之间的较量。有时买方占优势，那么成交量就是由买方决定的；有时卖方占优势，那么成交量就是由卖方决定的。换言之，分析成交量的关键要看买方和卖方哪一方占优势。只有如此，我们才能知道成交量是怎么得来的。

举一个例子：一款网红帽子现在供不应求。很显然，在这场交易中卖方占优势。如果卖方坚决不卖，那么买方即使出价1亿元也买不到一顶帽子，这样成交量就会是0。现在的事实是这个成交量当前很大，一天成交几十万顶帽子，表明卖方肯于主动卖出这些帽子。也就是说，在帽子供不应求时，成交量的大小是由卖方完全控制的。

再举一个相反的例子：一款衣服过时了，那么这款衣服的卖方肯定在这场交易里失去了优势地位。如果买方不想买，那么卖方即使有成千上万套衣服也无法达成真正的交易。这时候，买方占据主动权，是优势方，必须买方肯买，才会有成交量。

现在我们分析股市实战的例子。在牛市中，市场人气旺盛，一只股票出现重大利好，放出巨大的成交量。请问，这是好事还是坏事？这肯定不是好事。因为在这种情况下，卖方占优势地位——市场行情火爆，卖方的股票还有重大利好，那么卖方当然要考虑卖不卖。如果卖方坚决不卖股票，那么即使买方再有钱，也不会有一笔成交。

但现实情况是，这时候出现了巨大的成交量，表明买方能买到大量的股票，这显然是卖方大力卖出的结果。为什么卖方拥有如此大的优势地位，却急于抛售股票呢？其中的原因显然值得深思。

再举一个相反的例子。在熊市中，有一只股票出现重大利空，股价不断大跌，并放出巨大的成交量。这就很可能是一件好事。因为这时候买方占据优势地位，表明有人敢于在熊市存在重大利空且市场人气低迷的时候大力买入。什么人敢于在这种恶劣情况下买入呢？

通过上面的例子可以看出，成交量放大是好还是坏的判断必须看交易里的主动权在谁的手中。而交易里的主动权又是随着市场环境而不断变化的,在有的环境下主动权在买方的手中,在有的环境下主动权在卖方的手中。

总之,成交量放大是好还是坏,并不能直接从成交量或其他数据上看出来,必须先了解当时的市场环境,只有在具体的市场环境中才能搞清楚成交量放大是好还是坏。这就是对成交量正确的认知,这个认知来自我们普通生活中的买卖常识,但是绝大多数投资者走入了误区,学习了很多似是而非的东西。

2. 投资预期

对于"炒股就是炒预期"这句股市行情里常见的谚语,实际上绝大多数投资者都没有真正理解。2021年,王府井和首商股份公告要吸收合并。不久,两家公司的股票在A股市场上停牌。证监会进行审核。审核通过后,2021年8月13日股票复牌,王府井和首商股份的股价双双大跌。

有不少股民疑惑,重组方案审核通过对公司是一个利好消息,为什么股票价格却在方案审核通过后复牌时大跌。正确的答案是:预期兑现。

什么意思呢? 就是"利好"在当下已经实现,后面没有新的"利好"了。在证监会审核前两周,王府井和首商股份的股价就已经开始上涨。究其原因是当时投资者看了两家公司的公告后,大多认为这是一个利好消息,当时的市场就已经预期证监会的审核极有可能通过。于是抛售者少,看好的人多,股价在证监会审核前就上涨了。这是"利好"的预期引发的上涨。

等到2021年8月12日晚公布重组方案审核通过后,就意味着"利好"已经落实了。投资者的心理预期已经实现了,那么2021年8月12日后面还有"利好"吗? 显然是已经没有"利好"了。既然后面没有"利好"了,那么投资者就没有必要再买入了。于是大家一哄而散,股价开始大跌。

就像你去看电影,你会发现,当电影放映结束前几分钟,已经有人开始陆续退场了。为什么呢? 这是因为观众的心理预期已经实现了——已经知道影片的结局,当然要开始离场。

"预期实现"是市场的一个永恒规律。奥运会即将召开,相关"奥运概念股"的价格开始上涨，等奥运会开幕的那一天正式来临，当天"奥运概念股"的价格很可能下跌；高送转的股票在送股正式实施前或还未公布送股方案前股价往往会一路上扬，在送股实施日或方案公布日股价往往会大跌。

市场预期公司业绩会实现大幅增长的股票，股价往往会在业绩公布日成为短期或中期行情顶部。投资者买股票是基于预期而买的。当预期实现后，很多投资者就不会再投资公司的股票，股价因缺少积极的买盘支持就会下跌。

同理，投资者卖股票也是基于预期而卖的。我们常看到一只股票的价格不断下跌，因为投资者大多看空这只股票，投资者预期公司的业绩会很差。但是，当公司年报发布日正式公布了其糟糕的业绩后，股价却往往止跌，甚至大涨。例如，由于客观环境原因，投资者认为上海机场的业绩会很差，因此，上海机场的股票价格在投资者的抛售下不断下跌。2021年8月28日，上海机场公布半年报，结果证实了投资者的业绩预期——利润同比下降92%，营业收入同比下降27%。但是，第二个交易日股价仅下跌2.8%，第三个交易日股价反而大涨7.6%。

被市场预期业绩很差的股票在股价一路下跌以后，当正式公布业绩后股价不仅没有下跌，反而大多上涨就是这个原理。这就是"预期实现，股价反转"。

投资者需要懂得一个基础性的投资常识——年报或半年报公布日、送转股权登记日、重组方案审核通过日等都极可能是短、中期股价反转的日子。

"投资的心理预期"主要表现在投资者会根据当前已知的消息，给当下的股票定价。2021年，有一位朋友以约11元/股的价格购买了紫金矿业的股票，他认为股价会很快翻倍。我问他买入的理由，他罗列出一大堆的所谓证据，主要依据是它有多座金矿在当年要增产、增收。我告诉他：前年和去年就有很多机构和个人投资者预期紫金矿业在2021年有好几座金矿要增产、增收。铜价会涨到历史高位，也早被大家预测到了。这是一个广为人知的消息，并不是秘密。当前紫金矿业的股票已经涵盖了这些基本面信息，也就是说，这些消息早就反映在股价里了。除非有新的、投资者没有关注到的或超出投资者预期的消息突然公布出来，其股价才有可能大涨。例如，国际铜价超出投资者的预期，一夜之间又涨了20%；紫金矿业又突然大手笔并购了几家铜矿；紫金矿业刚刚宣布10送30元——这样最新时效的、超出投资者当下预期的消息，才是紫金矿业的股价未来继续大涨的动力。

总之，"利好"公布的内容符合投资者预期——股价不动或下跌；"利好"公布的内容逊于投资者预期——股价下跌；只有"利好"公布的内容好于投资者预期——股价才会上涨。

3. 企业发展周期

投资者是否发现，"中"字头的上市公司股价很难翻倍？虽然它们的业绩很好，市盈率也低，而且还有大比例分红。

原因在于，中石油、中国建筑、中国神华等公司的发展大多数已经到了成熟期，已经在市场上占据了很大的份额，公司的体量很大，已是行业的"巨人"。它们的发展阶段相当于人的中晚年时期，虽然业绩稳定，但成长性不高，股价当然也就上涨得较慢。

这就是对企业发展周期的最基本的认知。企业的发展周期分为萌芽期、成长期、成熟期、衰老期。作为投资者必须懂得，企业在萌芽期时利润很少、规模不大、生命力弱小，这时进行投资的风险极大，但如果投资成功，那么在未来所获得的利润也极大。企业进入成长期之后，已经拥有了一定的规模，并且业绩增速很高，这时企业的股价也随之飞涨。这个阶段相当于人的少年时期，适合喜欢投资成长股的投资者进行投资。成熟期则相当于人的中晚年时期，这时企业已在行业中占据稳定的地位，每年的业绩增长都非常稳定，但由于规模较大，已经很难有高速的成长了。这个阶段企业的股价缓慢上行、业绩稳定、分红较高，适合追求稳健收益的保守型投资者进行投资。投资者如果连这样的基础认知都没有，那么进行再多的投资分析又有何用？

4. 市盈率

市盈率用来衡量投资一家企业至少需要多长时间才能回本，是用来衡量股票估值的一个常用指标。例如, 有的投资者看到一家公司的股票市盈率达到 70 多倍, 便以为至少需要 70 年才能回本, 于是看空这家公司的股票。实际上, 这家公司的市值才 30 亿元, 拥有国内领先的核心专利技术, 公司近几年的业绩增速达到 50% 以上。这样的公司虽然市盈率较高, 但是很有可能被市场低估。

又如, 有的投资者看到一家公司的股票市盈率只有六倍, 便以为该公司被市场低估, 可以加大投资力度。而实际上, 这家公司当前处于行业的景气高峰, 未来随着行业进入低谷期, 公司业绩大幅下滑的概率极大。这样的公司虽然市盈率低, 但是并没有被市场低估。

估值绝不是简单地套用市盈率, 必须同时考虑公司的发展阶段、盈利模式和市值大小等问题, 这些都是估值的重要组成部分。

不少投资者生搬硬套市盈率, 实则根本就不了解市盈率, 这样的投资者怎么可能长期在股市里实现财富的增值?

1.1.2 人性的弱点

即使我们通过大量学习和思考已经有了很多正确的投资认知, 但我们也很难在股市上赚到钱, 因为还有人性的弱点。这些人性的弱点扎根于投资者的潜意识中, 在日常生活中由于造成的危害不大, 所以很难察觉。但是, 在股票投资中, 这些人性的弱点就会被成倍放大, 造成投资者的巨额损失。

我把这种人性的弱点叫作人类的原始生存本能, 人类在股票投资中的生存本能表现为以下几个方面。

1. 小赚即抛, 大亏死扛

75% 以上的人在股票投资中有了较小幅度的盈利后会选择马上抛出股票, 所谓 "见好就收", 而在亏了很多资金时会选择坚决不卖, 有人甚至死扛十多年。他们普遍认为股价 "早晚会涨回来"。这是一种理性的投资抉择吗? 这其实是人类一种的原始本能在主导。

在原始社会里，单独个人获得食物不容易，很容易被其他人抢走。所以，原始人获得食物后，最佳的选择就是马上吃到嘴里，也就是落袋为安。现代人依然在大脑意识中具有这种生存本能，在股票投资中赚了2 000元或盈利10%～20%时，大脑中的第一个意识大多是"马上卖出股票"。

在原始社会里，当一个人遇到重大风险，比如遭遇凶猛野兽时，最好的选择是和野兽决一死战，而不是转身逃跑，因为人类一般是跑不过野兽的。现代人在股票投资中往往也会在大脑中浮现出这种本能选择——当股票投资遭遇重大风险，亏损严重时就死扛不卖，希望能取得最后的胜利。人类在和野兽搏斗时是有一定概率生还的，甚至还有可能取胜，但是在股市里这种盲目死扛的决策往往是错误的，时常会造成更大的亏损。投资者容易把原始生存本能用在现代金融社会的投资决策中。

当被严重套牢时，比如浮亏50%，大多数投资者会死扛到底。其实这不过是一种原始生存本能。大多数人在做出死扛的决策时并没有认真分析公司的基本面是否值得死扛。投资者面对风险，依靠的更多是原始生存本能——冒险赌一把。

投资者依靠原始生存本能做出决策投资，一般会出现把牛股早早卖飞、把垃圾股死死地攥在手里的结局。

很多投资者其实明白笔者所说的道理，但是他们依然不会卖出手里被深套的绩差股票。等到下次交易时手里的股票有少许盈利，他们依然会马上卖出。这种原始生存本能扎根于人类的大脑中，使得大多数投资者根本无法控制自己的双手。

这就像虽然人们都知道每天花费大量的时间打游戏、看电子小说、看网络视频会使人变得平庸，但是大多数人仍然无力改变这样的生活习惯。这就是人的原始生存本能在起作用。正所谓"江山易改，本性难移"，克服"小赚即抛，大亏死扛"的本能冲动是绝大多数人做不到的。即使像笔者这种在股市里有多年投资经验的专业投资者,当一只股票获利40%以上时,在大脑里也会出现无数个声音:"快卖吧!见好就收吧!再不卖就跌回来了。"

好在我能及时地把控自己,能理性地分析股票,不会被原始本能所支配,这样我才可能在股票投资中时常盈利翻倍。这种不受人类原始本能影响,依然可以进行理性思考的能力才是股票投资中最宝贵的。我的一位好友有20多年的炒股经验,当年他做了大量的分析研究,看中了"苏泊尔"这只股票,他信誓旦旦地要持有这只股票几年直到股价翻倍,实际上,他买入"苏泊尔"这只股票几个月后赚了40%多就抛出了。不久,这只股票的价格涨了两倍!事后他说是由于自己缺少耐心。我认为,他缺少的不是耐心,而是战胜人性弱点的能力,下次遇到类似的事情,他依然会早早地抛出股票。

2. 不能客观分析自己持有的股票

投资者的大脑并不是经常能保持客观思考的,它们经常会由于个人需要而无视大量有用的信息。如果从大脑结构这个角度来说,那么投资者的投资亏损源于大脑的思维结构。

科学家做过试验,让人们看一场电影。这时有一个小孩子举着气球在电影院的大屏幕前走过,也就是说,在所有观众的眼前走过。但是,事后调查发现,大部分观众表示在电影播放过程中没有看到小孩子在自己的眼前走过。这说明什么?

这说明人们只能看到他们想要关注的东西。人们不想关注的东西或者说信息会被大脑过滤掉,所以人们就看不到。

在股票投资中投资者也是如此。例如,一位投资者重仓持有一只股票,他就容易出现更加关注这只股票的利好消息,而忽视这只股票的利空消息的问题。这就是人类的原始生存本能在起作用,因为关注利空消息会使人"痛苦",不利于人类的"生存";关注利好消息会使人心情愉悦,利好消息可能会导致股票价格大涨、投资收益增长,更有利于人类的"生存"。小孩子看电视剧,看到自己害怕的情节，就会躲在门后从指缝里悄悄地看，当他依然感到恐惧时就会冲过去关闭电视。可见，人类的原始生存本能在儿童时期就已经开始在生活决策中起作用了。

投资者在股市里的表现大多如此。原始生存本能使投资者容易选择性地只看到持有的股票基本面中有利的一面，而看不到不利的一面。

1.2　散户炒股常见的九大疑惑

相较于机构投资者，散户由于缺少系统的专业学习，易受市场错误观念的影响，误入股票投资的歧途。散户在股票投资中会面临很多疑惑，常见的有以下九类。

1.2.1　炒股不贪心，涨3%就卖，反复操作是不是就会永久获利

这种投资方法长期下去的结果大概率是亏损的。因为这种投资方法只设定了"止盈"，并没有设定"止损"。一个完整的投资体系必须止盈和止损同时存在，二者缺一不可。我们在股票交易中遇到浮亏，采取一直持有不动、耐心等待由亏转盈三个百分点再卖出的策略，长期下去必然会出现下面这种情况：

在本次买入后浮亏越来越大，最终浮亏达到70%以上，甚至持有多年以后最终股票退市。也就是在买入以后一直没有遇到股票实现盈利3%的机会。有人会说，这种买完就大跌，再也涨不回来的情况是小概率事件，但是长期交易下去，这种小概率事件早晚会发生。而且只要发生一次大跌，就会使我们的投资损失惨重。

股票投资的黄金法则是在"让利润奔跑"的同时"截断亏损"，指的是每次交易要努力实现盈利相对最大化和亏损相对最小化。"盈利3%就开始卖出"的投资方法完全与股票投资的黄金法则背道而驰。它不仅用3%的盈利幅度勒住利

润的奔跑脚步，而且没有对单次交易产生的亏损进行任何限制，也就是没有"截断亏损"。

1.2.2　在股票投资中，交易成功率是最重要的吗

很多投资者认为，在股票投资中，交易成功率最重要，即95%的交易成功率肯定比50%的交易成功率获得的最终投资收益要多。因此，他们始终把提高自己的交易成功率视为股票投资中最需要努力的方向。实际上并非如此。在股票交易中，交易成功率如果能高一点当然好，但是"盈亏比"更重要。提高"盈亏比"才是投资者最需要努力的方向。

什么叫盈亏比？就是投资者在亏钱时亏多少钱与在赚钱时赚多少钱的比值。例如，一些短线高手做短线时的盈亏比是3∶1，意思就是每次赚钱的交易所赚的钱大概要达到每次亏钱的交易所亏损的金额的三倍。

如果我们在成功的交易里赚一次的金额达3万元以上，失败的交易里亏一次的金额只有1万元，盈亏比为3∶1，那么，即使我们的交易成功率只有50%，长期下去我们也会赚到钱。

在股票交易中，"盈亏比"的重要性远高于"交易成功率"的重要性的主要表现为：有较高的交易成功率而没有良好的盈亏比，多次交易下去的结果是未必能赚到钱，甚至有可能产生亏损；反过来，如果在股票投资中保持较高的盈亏比，那么，即使没有较高的交易成功率，长期投资下去却大概率会取得不错的投资收益。

交易中的盈亏比要比交易成功率重要得多是由于两个原因造成的。

一是交易成功率的估算具有很大的主观性，而盈亏比的设定却是很客观的。

例如，一个交易系统的交易成功率是90%，那么这个成功率是怎么计算出来的呢？肯定是用历史上某个时间段的行情来进行测算得出的。其实，无论用哪个时间段的行情来进行回溯测试，得出的交易成功率都是不够客观的。交易

成功率的测算从来都是以历史的、局部的行情来进行的，而未来的行情变化并不一定会重复我们所测算的那段时间的历史。也就是说，由于未来行情变化的不确定性，一种历史交易成功率80%的投资方法未必能比一种历史交易成功率60%的方法在未来的投资收益表现更高。

而盈亏比是在每次投资之前客观设定的。例如，在交易前设定每次交易赚30%就抛出，亏损10%就卖出，在交易时严格按照这个盈亏比执行。盈亏比与未来的行情变化没有任何关系。无论行情怎么变，我们都按照这个盈亏比进行交易。相比提高交易成功率，盈亏比投资策略是投资者自身可以控制的、容易执行的投资策略。

二是交易成功率的提升是极其困难的，需要学习很多的投资知识和技巧，需要通过大量的时间积累和深度反思来加深自己的投资认知。而且交易成功率的提升是一件典型的边际效应递减的事情，当投资者的交易成功率达到一定高度后将很难得到进一步的提升。

1.2.3　炒股要不要跟随北上资金的步伐

什么是北上资金？北上资金就是国际上通过沪港通和深港通进入A股市场进行股票交易的资金。很多人认为北上资金的投资水平很高，跟随北上资金进行交易就能够赚到钱。

不少股市分析人士每天评论股市必提北向资金的流向，但是，跟随北向资金炒股真的能赚钱吗？

在我年轻时，A股市场上最流行的是筹码分布理论，目前A股市场上流行的又变成了关注北向资金流入与流出了。其实这些方法都没有多大的投资参考价值，原因有如下几点。

第一，北上资金方向变化频繁且不定。北上资金的交易非常频繁，很可能今天流入，明天流出，后天又流入。北向资金流入与流出的方向在短期内总是不断发生变化的，使得普通投资者难以决定是否跟随。

第二，数据的滞后性。我们总是在北上资金做出动向以后才能看到数据结果，所以，普通投资者肯定是慢一拍的。当我们发现北上资金的动向后再选择跟随，大多为时已晚。

第三，北上资金也时常会看错行情和选错股票。前几年有不少北上资金爆买A股的上市公司大族激光，半年后有媒体报道这家公司的在建工程有问题，于是北上资金开始纷纷卖出，其中不少北上资金都是亏本卖出的。

不少人认为北向资金是"聪明资金"，认为北上资金总能看对。但世界上没有任何机构和个人能够一直看对行情和选对股票。

股价波动的"灵魂"是上市公司的业绩，投资者只要抓住未来上市公司业绩发展这条主线就足够了，完全没有必要去看机构在做什么。

1.2.4 10万元资金在股市里已被套亏了2万元，后面该怎么办

有一位股民在A股市场上投资10万元，当前亏了2万元，不知道后面应当怎么办。对于这个问题，该股民应当从两个方面进行考虑。

一是回想一下自己当初在买入这只股票之前的计划是什么，然后按原计划行事。正所谓"不忘初心，方得始终"。

如果在买入前投资者看好股票背后的上市公司的发展前景，认为公司的基本面良好，打算做长线投资，那么只要当前公司的基本面没有发生重大变化，就应当继续持有。即使股票价格跌得再多，也没有必要卖出。

如果在买入前投资者的目标就是想追热点、炒概念或做波段，并没有做长线投资的打算，那么即使现在被套已经很深，也应当止损。即使卖出后股价大涨，也不要后悔，因为投资者原本的计划就是短期持有。

大多数投资者在买入前的盘算是买入股票后，如果股价大涨就马上卖出，如果没有赚到钱就一直持有，直到以后盈利时再卖出。这样的投资计划其实是最差的，如果在买入股票前是这样考虑的，那么现在处于亏损状态就应当马上止损卖出。在买入股票前设立了这样的投资计划，说明投资者在投资方面的

认知几乎为零,投资者目前不具备投资股票的能力,及时退出是对自己最好的保护。

二是反思自己的投资能力,以便采取相应的改进措施。

原本想长线投资的人,当浮亏20%以后提出这样的问题,说明其选股能力不足,才会对长期持有开始动摇,才会向别人提出投资咨询。这样的人其实适合做基金投资,由基金经理为投资者选股,投资者只要长期持有基金就足够了。

原本想短线交易的投资者,被套了20%还没有止损,说明其根本不懂短线交易。专业的短线交易者一般浮亏3%左右就会考虑止损,绝不可能任由股价跌到使自己浮亏20%的程度。

1.2.5 炒股看K线的最大误区是什么

有人把K线分析视为炒股赚钱的神器,有人却认为K线毫无用处。那么,K线分析对于炒股到底有多大用处呢?我认为,投资者在投资时看K线容易产生两大误区。

一大误区是认为K线可以用来精确预测股市行情走势。K线是技术分析的基础,很多技术指标都是从K线推导而来的。K线是最能反映市场状况的原始数据工具,因而被很多短线交易者直接用来分析市场行情。但是,绝大多数人在应用K线上都存在巨大的误区,误以为K线能用来精确预测股市行情走势。

K线说到底只不过是记载历史行情数据的一个工具,就像一个笔记本有记录历史事件和数据的功能,它可以为我们展望未来时提供参考,但并不具备精确预测未来的功能。

例如,在行情的相对底部区域出现了三根小阳线,这在K线组合上叫作底部红三兵。很多K线分析书籍认为底部红三兵预示着底部出现,是底部买入的信号,未来行情大概率会上涨。

在投资实践中,投资者当前看到的底部红三兵已经是"过去的时候"了,可谓是历史。那么,当前出现的底部红三兵能否预示底部出现呢?能否重现历史上的"红三兵出现后的行情上涨"呢?这显然是不能真正确定的。

尽管书中有"大概率"字样,但是这个"大概率"究竟是多少?是以哪个时间段进行测量而得出的"大概率"?这在任何K线分析书籍中都没有明确的阐述。其实,即使用50年这么长的时间进行历史回溯测试得出的行情"大概率"会如何,也不能证明未来的行情就一定会如何,因为未来的行情未必会重演我们所回溯的那50年的行情。

K线数据只能作为投资参考。投资者在投资中做好"历史会重复"和"历史不会重演"的两手准备才是最正确的K线认识。

另一大误区是认为K线完全无用,必须彻底抛弃。

价值投资者普遍认为,股市行情是不可预测的、是无规律的。他们认为,公司股票的"内在价值"才是股价波动的核心,股价围绕股票的"内在价值"波动,只有分析和看清股票的"内在价值",才有可能买到便宜的股票,才有可能赚到钱,那种试图预测行情走势的各种技术分析都是愚蠢的行为。

行情走势真的是完全不可预测的吗?这是一个值得认真思考的问题。我认为,在绝大多数情况下,行情走势都是无规律的;但是,在特殊的背景条件下,在局部的某些时间点上,行情走势还是有一定规律可循的。就如一盘围棋,虽然整盘棋的变化多,超级计算机都难以完全计算清楚,但是在几个关键点上还是有一定规律可循的,也就是有所谓的局部"定式"。与一味地吹嘘技术分析,吹捧技术可以预测一切行情一样,完全否定以K线为代表的技术分析也是不可取的。

总之,K线分析有一定的分析辅助作用,但是不宜过分夸大。K线没有精确预测股市行情走势的功能,它只是股票投资中的一个参考。

1.2.6 如何判断主力有多少筹码及成本

主力有多少筹码是无法判断的,相信主力筹码能判断的人肯定被"专家"给忽悠了。主力持仓量这个数据信息只有券商、证券交易所和证券登记结算公司才可能获得，那些所谓专门计算资金流入流出、筹码分布的软件是计算不出来主力有多少筹码的。例如，现在从盘面上看到有一笔交易是10 000手，其中有多少比例是主力的? 有多少比例是大户的? 有多少比例是散户的? 在这笔交易成交的当时，除了证券交易所进行交易撮合的计算机，任何人都不可能知道。根据证券交易所制定的交易机制，每笔交易都是在计算机系统按照价格优先和时间优先的规则下进行随机撮合的。

市面上计算主力成交的股票软件都假定每笔相对较大的成交量是"机构成交"，每笔相对较小的成交量是"散户"成交。而实际上，主力也可以几十手、上百手地进行小笔的买入或卖出，在行情火爆时众多散户的密集成交小单也会被证券交易所的交易系统归类为一笔大成交量的交易。

这使得行情软件系统在很多情况下无法判断当前的每笔成交是散户性质的还是机构性质的。加上大宗交易、股票质押、股票中有多个机构持仓等因素，使得主力筹码的计算毫无意义。市面上的任何技术都无法计算得出主力的成本。

只有得到各大机构资金买入和卖出的原始交易数据，才有可能知道主力的成本。但是，要想得到这些数据是很难的，只有券商、证券交易所、证券登记结算公司才有可能得到这些数据。即便投资者得到了这些表面的主力介入股票的第一手数据，也不能保证这些数据一定是主力的成本。因为主力资金的融资渠道我们未必能知道。此外，主力融资的资金成本是多少、主力和其他合作方有没有背后协议等，这些都是普通投资者无法知晓的。

与其劳神费力地研究主力的成本，还不如好好研究上市公司的发展前景和合理的估值，逢低买入大概率在未来能长期发展的优质公司的股票才是投资正道。

1.2.7　股票市场里的成交量是最无法骗人的吗

有的投资者认为，在投资分析中"成交量"最重要，甚至认为仅凭"成交量"就可以对行情进行有效的分析判断，他们的核心观点是"成交量是最无法骗人的"。

实际上，成交量也是可以造假的。在十多年前很多庄家就喜欢用"对倒"的办法来做大成交量，吸引散户跟风买入，自己好借机出货套牢散户。所谓"对倒"，就是庄家在自己买入股票的同时再卖出股票，制造虚假的成交量，营造成交量放大、市场活跃的假象以吸引散户跟进。这种"对倒"做假成交量的行为是现在监管部门严厉打击的。

现在依然时不时有资金大户在早盘用巨量资金假意拉升涨停来吸引散户买入，当散户跟风买入后，大户就马上反手抛出以获利，这样的大户最终都很难逃脱法律的制裁。

随着时代的进步，现在股票市场里又出现了量化交易。量化交易带来大量的短线成交，这使得市场里的成交量水分更大了，A股估计有30%的成交都是量化交易，所以，A股现在通过成交量来判断市场行情的难度明显增大了。

成交量只是投资者进行投资分析的参考因素之一，而且成交量还会受到场外多重因素的影响。投资者在投资中没有必要夸大成交量在投资分析中的作用，综合市场环境、公司基本面、行业发展等多种因素进行多维的市场分析才是最重要的。

1.2.8　参与股市概念炒作能赚大钱吗

2021年9月初，上市公司中青宝由于"元宇宙"概念的炒作而开盘涨停，其他网络游戏股票的价格也随之火速上涨。实际上，当前"元宇宙"处于初步探索的阶段。如果把"元宇宙"的发展比喻成万里长征，那么当前这些涉及"元宇宙"的游戏产品的进程只相当于迈出了第一步。

市场热烈追捧当前相关概念的绩差上市公司甚至业绩亏损公司是概念炒作的主要特点。

2021年8月的工业母机概念炒作，华中数控作为概念股的龙头之一开始了连续大涨的行情。一位朋友恰好持有华中数控，我告诉他这就是一个概念炒作,华中数控当前的业绩根本无法支撑这样的股价。他看到华中数控当天的换手率达到24%,并且盘中大幅震荡,便在获利70%的情况下马上清空仓位。不久,华中数控的股价不断创出新低,幸亏他抛空及时,如果一直持有,那么他不但会失去70个百分点的盈利,反而账面会出现大幅亏损。

这就是对待概念炒作的最佳心态——不求大赚,只求安全。"概念炒作"的最终结果往往都是股价跌到原启动位,甚至创出新低。能在概念炒作中有所盈利已经是很不错的结果了。90%以上的人最终都会在概念炒作中亏钱。因为概念炒作缺少业绩的真正支撑,原本就是一个泡沫,随时可能会被吹爆。这种没有业绩支撑的概念炒作就是一个击鼓传花的游戏,股价最终必然会大幅下跌,套牢追涨的散户。

1.2.9　没有时间看盘,如何炒好股票

很多工薪族都有这样的问题:"想炒股,但没有时间看盘怎么办?"实际上,只要不做短线交易,完全没有必要天天看盘。大多数人做中长线投资赚的钱会比做短线交易赚的钱要多,而且不用怎么看盘。

我在年轻时喜欢做短线交易,后来由于工作越来越忙,已经没有充足的看盘时间,于是我开始做1～2个月交易一次的中线投资。这样改变后,虽然看盘时间减少了,但是炒股收益却并没有减少。这主要归因于提前制订中线交易计划,只在关键的时间点投入时间看盘,其他时间不用看盘。

例如,我手中持有一只股票,通过计算散户持仓成本,推断出最近几天股价有可能要突破,于是在这几天里尽量抽时间多看看这只股票的盘中走势,特别是在开盘9:25—10:15这个时间段内尽量在线看盘。如果在这个时间段内由于工作原因无法看盘,那么我会在10:15这个关键时间点上看一眼盘面行情。如果10:15没有出现预期内的行情走势,我就马上抛掉股票;如果出现了预期内的行情走势,我就会选择继续持有。这样操作下去,每周最多只需要看盘一两个小时,对自己的本职工作影响极小。

人到中年以后，我改为长线价值投资，没有必要计算和关注行情的关键时间点，这样就更不用看盘了。我现在每天的看盘时间不超过10分钟。

长线投资也有其不完美之处——经常会坐过山车，时常会出现20～50个百分点的浮动盈利跌回去的情况。如果用我以前的短线交易办法是有可能捕捉到这些波段的，却无法保证当主升行情启动时自己依然在场内。在全方位衡量之下，对于绝大多数投资者来说，还是中长线投资更好，既不影响自己的本职工作，又可以获得长期的投资收益。

事业繁忙的投资者在没有时间看盘的情况下，抛弃短线交易，采取中长线股票或基金投资是最好的选择。

1.3　散户炒股失败的几大原因

1.3.1　面对亏损的非理性态度

有一次，一位读者在阅读了我写的"在消费股大跌时也应当坚守股票"的文章内容后这样评论：

消费行业近来跌得一塌糊涂，有一丁点儿技术分析的游资早都应该出局观望，除非大游资船大难掉头才不得已而"坚守"，因为许多大资金根本就来不及出去，没有量没有人接盘啊！本金都可能亏损了，能不疼吗？

我对此进行回复：按照你的逻辑，当A股市场上的三聚氰胺事件发生后，我们应割肉乳品行业股票；当塑化剂事件发生后，我们应抛白酒股票；当新能源汽车补贴减少时，我们应卖掉新能源汽车股票。

如果我们这样投资，那结果就是把股票割肉在地板价上。事实上，这些股价大跌的股票在一两年以后可能大涨，股价翻倍，乳制品行业的股票后来几年涨了10倍；白酒股一路走牛，几年后涨了几十倍；新能源汽车几年后成为A股市场上最热的板块。

前面所述评论的重点在于，在行情不好时，投资本金亏损后会心疼，因此，要避免亏损，就要及时抛售股票，并且认为所有人在股价大跌时都应当抛售股票。

这种为了避免心痛而抛售股票的想法，实质是对行情下跌的恐慌，明显是出于感性的思考，而非理性的思考。理性的态度应是首先考虑行业和公司的长远发展前景和股票的估值，而非眼下资金是否受损，是否会因此心疼。我27年的股票投资体会是，股价大跌时你割肉离场，股价大涨时你也很难处于市场之内。理性的态度应是忍受这些暂时的亏损，从长远考虑坚守优质股票不动，以保证行情大涨时自己在场内。

1.3.2 对可能出现的亏损缺少准备

有不少股民问 "某某股票被套了怎么办"，并表示自己很焦虑。我不禁吃惊——你们在买入股票前没有想过自己可能会被套的问题吗？被套10个百分点、20个百分点怎么会反应这么大？

这使我意识到，大多数股民在买入股票之前都没有认真地考虑"亏损"或"被套"以后怎么办，很多人在股票账面亏损以后就烦躁不安。这表明他们在买股票时只想"赚钱"，没有认真想过"亏钱"怎么办，更没有为可能出现的"亏钱"做好准备。

股民在投资中对于亏损必须有如下准备：

一是股市行情95%以上的时间都是震荡调整的，也就是我们在买入股票以后，大概率会处在一种不赚钱或亏损的状态，而且这种状态持续的时间可能很长，长达几个月甚至三五年以上。买入以后被套是正常的投资状态，只有树立正确的态度，做好充分的心理准备，才有可能拿住牛股，才有可能度过漫漫的行情调整岁月。

二是在买入股票之前就要对可能出现的亏损做好充分的资产配置准备。没有人在买入股票以后百分之百能保证不亏钱，我们在买入股票前就要考虑好，这笔交易如果出现亏损了怎么办？我能承受多大的亏损？我能承受亏损多长时间？我要不要建立股票组合分散风险？我要不要留一部分资金准备补仓？我要不要设立止损点？在买入前就想好了一切，包括最坏的情况，这才是成熟的股票投资者的表现。在想好应对策略以后，即使在投资中真的出现了亏损，自己的损失也不会很大，至少内心有了充分的思想准备。

三是在发生亏损后进行深刻的反思、总结。很多投资者在亏损以后，就把原因归结于运气不好或者行情、缺少时间研究等外在因素，唯独没有从自身找原因。这样做股票投资，未来会在原来摔倒的地方继续摔倒无数次。

投资者在每次交易亏损后都应进行认真的反思，每年对亏损的每一只股票进行深刻的总结，这样才能使自己的投资水平不断进步，最终实现长期稳定的盈利。在"亏损"里有大量宝贵的投资教训，只不过大多数投资者都不喜欢认真吸取。

1.3.3　盲目选取投资方法

股票投资的方法有很多，但真正适合普通股民的方法却很少。投资者不经过一段时间的历练和反思，很难搞清楚哪种投资方法适合自己。

1. 崇尚趋势交易

一位朋友天天画趋势线炒股，结果炒了27年也没赚到钱。很多人按照趋势线来做交易。例如，对于大跌的股票坚决不买，认为是下跌趋势或趋势没有走出来，所以不能买。

这种"趋势"实际是用股票价格或指数点位来进行的所谓趋势判断，也就是利用行情数据对趋势进行判断，即所谓的"行情数据趋势"。数据趋势虽然对未来的行情判断有一定的参考作用，但是它的作用是有限的。在很多时候，行情数据会对投资者的判断产生误导，因为行情数据只是表象，产生行情数据的根源才是最重要的。就像著名作家塔勒布在书中列举的例子一样：一只火鸡天天吃丰盛的食物，它根据当前每天都有食物的状况，判断自己过上了幸福的生活，但是，有一天，一切戛然而止，它被人们做成美食送上了餐桌。

股市的行情也是如此。在牛市中，股票的价格数据和指数的行情数据表现良好，投资者蜂拥而至，大买股票。结果不久股市暴跌，熊市拉开大幕。这种利用行情数据进行投资的典型代表就是《海龟交易法则》。在这本书里阐述了运用趋势交易有可能要进行多次止损，因为很多上涨只是反弹，并不是真正的趋势。而且有的市场可能很多年都没有什么大的上涨趋势，因此，要同时介入多个市场去寻找"趋势"，包括国外股票市场和期货、外汇等多个市场，这样才容易实现趋势交易的灵活变通，并且要同时做好多次止损的准备。

可见，趋势交易根本不适合普通散户。一是趋势交易需要的资金较多，可能至少需要几十万元甚至上百万元。为了寻找有主升趋势的市场，必须同时介入多个品种，甚至要投资多个市场。也就是大豆你得做，A股你得买，美股你也要介入，钢铁期货行情你还要参与，甚至外汇交易你也要进场，这得需要多少资金？

二是需要漫长的等待。实际上，趋势交易需要等待的时间一点不比做价值投资需要等待的时间少。一个主升趋势可能需要等待好几年才出现一次，普通投资者只能坚持在市场里面苦熬。

三是需要做大量的止损。在做趋势交易时会遇到很多震荡行情，大量的假突破行情必然使趋势交易产生大量的止损。在买入后发现不是主升趋势，而仅仅是反弹时就需要进行止损。这种频繁割肉的痛苦也是普通投资者无法承受的。

最为重要的是，即便如此，趋势交易从长期来看也不一定能赚到钱，因为它所凭借的行情数据只是一种表面的东西，产生行情数据的根源才是最重要的。以股票市场为例，决定行情的因素有经济、政策、市场情绪、资金等。短期、中期的股价和指数行情是由众多场内、场外可知和不可知的因素合力左右的，具有较强的随机性，是无法预测的。所以，平日里股价、指数的变化就很难预测，所谓的"明显的趋势"可能会在明天就被某一个或某几个突发因素打破，"趋势投资"的基础也并不牢固。

2. 喜欢投机

经常看到不少投资者说"炒股条条大路通罗马"。他们的意思是，任何投资方法都能赚到钱，无论是不是价值投资。其实，他们的观点绝对是错误的。股票投资的过程就像走迷宫，最后能走出来的路径可能只有一两条，并非条条大路通罗马。

做波段、做趋势、做短线交易的人在三五年内可能会赚到几倍，甚至几十倍。但是，在10年、20年后，这些人中的绝大多数会收益归零。我在股市里摸爬滚打了27年，没有见过一个依靠技术分析或短线投资的人成为亿万富翁，就是在全球范围内通过短线投资成为富豪的人也极为罕见。

什么是价值投资者呢？就是一个人只做自己懂的事情，只买自己了解的公司的股票。他赚的是公司业绩增长的钱，而不是其他投资者亏损的钱。价值投资是一件多赢的事情——公司赚钱、股民赚钱。

价值投资者在客观上起到了帮助优质公司持续发展的作用，对社会是有贡献的。投机者也是有贡献的，他们为证券交易所和券商贡献了大量的手续费。股票市场的最终结果就是投资者赚钱，投机者提供市场的流动性。

3. 迷信精确踏准行情节奏

市场的行情热点变化真的有节奏可供投资者随之起舞吗？以近几年的行情热点转换为例。

概括来说，2014年市场板块轮动节奏先是小盘股涨，然后是证券板块大涨，接着是大盘股大涨，再接着又是互联网金融大涨，最后是小盘股大涨……而酒类和家电板块在2015年的走势是比较弱的，它们在行情的最后阶段才有所启动，但是刚开始上涨没多久，A股大盘就正式开始大跌，形成行情头部。

而2019年的市场节奏则是先启动大盘股，特别是银行股率先上涨，然后是酒类、家电板块大涨，最后发展成茅指数（传统白马蓝筹股）上涨。2020年茅指数继续上涨，下半年新能源车、有色金属板块开始上涨。2021年2月以后茅指数相关股票下跌，宁指数（新能源板块）上涨。

我们仅从这几年中的对比就可以看出，历年板块的轮动是没有什么明显规律的，更谈不上什么节奏。每年轮动的顺序和时间都不太一样，投资者又如何能在市场上踏准节奏随之起舞呢？

在交易中追求"精准"就是一个错误的方向。"大概""差不多""区间"才是投资者真正需要追求的目标。投资不是精确打飞碟，而更像盲人摸象。投资就是在"不确定"的条件下做出正确的选择。市场内外的"不确定"因素众多，意味着在某种层面上投资者在股市里就是一个"盲人"。对于盲人来说能获得的信息有限，能有一个大概的判断就已经不错了。对于变幻莫测的未来世界，我们每个人都是"盲人"，我们对未来只能做出大概的判断，因为我们没有透视未来的第三只眼。

1.3.4　靠"想象"炒股是股民亏钱的重要原因

有一年，我在三一重工这只股票上赚了一倍以上，当时有一位股民问我三一重工今年能翻倍吗？我回答："不知道。"我马上意识到，他认为股票投资高手有可以计算出股票什么时候上涨、会涨多少幅度的能力。

实际上，这纯属他自己的凭空想象，但很多人都有类似的想法。其实，拥有这些想法的投资者大多是"小白"。我在买入王府井、三一重工、比亚迪等牛股前，根本不知道它们什么时候会上涨，更不知道什么时候能涨一倍，只知道这几家公司现在的估值很便宜，未来几年有大涨的可能性而已。同时，为了防止自己一旦看错公司基本面或发生黑天鹅事件导致股票大跌而损失惨重，我在每只股票上都分配了基本相等的资金额度，进行分散投资，以防止出现巨亏。股票投资高手并没有能掐会算、精准预测行情涨跌的能力，有的只是切实可行的投资策略，包括资产配置、股票组合、仓位管理等。

　　有些投资者看到一家上市公司完美的财务报表——ROE有30%多、现金流充沛、毛利率有80%多、营业收入和利润连年高速增长，所有的财务数据表现良好，就认定这是一家优质公司，认为完全可以大力买入，然而结果却是这家公司不久就倒闭了。

　　为什么他们会看错这家公司? 因为他们连这家公司的产品都没有看过，更没有去这家公司的营业网点进行调研。他们在看了这些财务数据后，就开始凭空想象。

　　这家公司倒闭的原因有可能是产品质量有重大问题被勒令关停或财务报表上没有反映出来的其他问题。绝大多数股民炒股都是坐在那里想象，缺少实地调查和独立思考。不少投资者在电脑前只看了几眼【F10】里的资料或到股吧里看了一些其他人的评论，就凭自己的想象买入了股票。当他们发现投资出现亏损后，开始惊慌失措，想象着公司基本面不好、有主力卖出、行情要大跌等，最终急忙割肉卖出。这就是典型的依靠"想象"炒股。

　　例如，在投资伊利股份这只股票之前，不能仅看了财务报表上的数字或技术图形就决定买入。需要去超市里看看伊利的产品销售情况，包括品种、价格和摆放位置。需要买伊利的牛奶亲自品尝，并且对比品尝蒙牛、光明、完达山等品牌的产品，这样才会对公司的基本面有一些真正地了解，才不会陷入对上市公司基本面的"想象"之中。

　　在多年以前，有一家机构的研究报告对秋林公司大加赞赏，并给出"买入"评级。我决定亲自到秋林商场转一圈。在进入商场后，我的第一判断就是这家公司快倒闭了。因为除了香肠卖得还算火热，其他柜台前都是冷冷清清的。这么少的客流量如何维持费用? 回家后，我就把它从自选股中删除了。很多股民看了机构对秋林公司的研究报告，然后坐在椅子上想象秋林公司未来的美好前景，然后盲目地买入。缺少大量的投资实践和深入思考，仅凭自己的臆想来炒股，是众多股民投资失败的重要原因。

1.4 散户股票投资中常见的"坑"

市场中有很多错误的理念和方法非常流行,绝大多数人从进入股市那天开始就陷入这些"深坑",10年、20年都很难爬出来。下面列举三个常见的股票投资"深坑"。

1.4.1 股票投资有必赚的方法

很多投资者认为,世界上有一种或多种投资方法可以让自己稳定地获得投资收益,只要自己学到这种"稳赚的方法"就可以轻易地实现财富自由。

其实,这些投资者把股票投资想得太简单了。股票投资的收益是需要客观的经济环境作为支撑的,而不是掌握一种投资方法就一定能在股市上赚到钱的。巴菲特能取得如今的成就,是离不开美国经济的长期发展造就的美国几十年的大牛市的。时势造英雄,经济发展向上才是成就牛市和牛股的基础,绝大多数职业股民都没有意识到自己的财富梦想实际上是维系在国家乃至世界经济走向上的。如果世界经济不稳定,投资者的财富就会烟消云散。

股票投资结果的不确定性还表现在短、中期的行情无法预测。股票投资的结果其实是概率在发挥作用。以我在2019年一次性买入十只股票为例。我当时并不知道大盘是否还会下跌,也不知道何时会有牛市,更不知道这些股票何时能让我赚到钱,至于最终能赚多少、哪只股票会先涨、哪只股票会发生亏损等,我就更不知道了。

我只知道投资这十只股票最终会赚到钱的概率相对自己选择其他股票赚钱的概率要大一些。股票投资投的就是一种"可能性"。一年后,十只股票里王府井赚了不到三倍,长安汽车赚了两倍,恒瑞医药赚了一倍,万科和工商银行没有赚到钱,大族激光保本出局,最终一年总资产盈利60%!试想,我买入一年后如果股市大跌,我的收益就会是另一个版本。从这个角度来讲,股票投资当然有运气的成分，因为我在2019年真的不知道2020年的股市行情会怎么样。

在股票投资中从来没有这种百分之百的确定性，所以，投资者千万不要相信在股票投资中有什么必赚的方法，有的只是"可能""大概""概率"这样模糊的确定性。只有认识到风险无处不在，投资者才有可能真正学会炒股。

1.4.2　"二选一"式选股

有一位投资者看好英科医疗与国际医学，思虑再三后，最终选择了英科医疗。然而，他的运气很不好，所选的英科医疗买入后不断大跌，没有选的国际医学却持续大涨。

这是普通投资者经常遇到的问题，喜欢在投资股票时进行"二选一"式的选择——最终往往所选择的股票没有涨，没有选的股票却持续大涨。

普通投资者在选股时要摆正自己的位置，选择与自己投资能力相匹配的选股方式。普通投资者在研究上市公司能力方面并没有什么信息和调研优势，为什么一定要做这种"二选一"式的高难度的精确选股呢？既然认为两只股票都不错，为什么不把这两只股票全部买入呢？无非是因为投资者高估了自己的选股能力，企图通过重仓押注股票赚取更多的收益。实际上，不做"二选一"式选股，把两只股票全部买入才是普通投资者最正确的投资选择。这样做不仅会使自己选中牛股的概率大增，而且还会分散风险，唯一的缺点就是投资收益有可能减少。很多投资者在投资的风险和收益的权衡中更关注收益，而不愿意或极少去考虑风险有多大，这绝对是错误的投资思维。正确的股票投资理念应该是在每笔投资里首先考虑风险，其次考虑投资收益的大小。

有的股民问我："五粮液和泸州老窖买哪个好？"我的回答是："全买了。"有的朋友问我："美的和苏泊尔选哪个？"我的回答依然是："两个都买。"

在分析股票时对两只股票无法做出"哪只更好"的判断，说明这个分析判断已经超出了我们的投资认知能力。那么，为什么不能妥协，降低自己的期望收益呢? 把两只股票全部买入只是未来的收益可能会有所减少, 但却弥补了投资者认知不足所带来的巨大投资风险。

1.4.3 满仓一只股票

很多股民有拿自己的全部资金买入一只股票的习惯, 这无疑是一种不良的投资习惯, 因为这种行为相当于孤注一掷。满仓一只股票意味着你认为这只股票未来百分之百会大涨, 这显然是过度的自信。上市公司董事长都不知道自己家的股票未来能不能上涨, 对公司的未来发展可能也是走一步看一步, 作为局外人, 把所有资金投资于一只股票显然是不可取的。

我身边有朋友喜欢满仓一只股票, 结果炒了二十多年, 也没赚到什么钱。原因就是炒股收益起伏太大, 今年赚了一倍, 明年亏了50%就又跌回本钱了。多年来总是处于大赚大亏之间, 总账算下来的结果就是没有赚到钱。

投资者喜欢满仓的原因无非是在过去由于满仓赚到了钱, 所以, 认为满仓投资的风险不大, 而且收益还很高。这就是股票投资与其他行业不同的地方——使用错误的股票投资方法在短时间内也可能会赚到不错的投资收益, 但是长期下来必将使投资者一步步走向亏损的深渊。满仓一只股票是投资的大忌, 绝对是一种疯狂的赌博行为。

第2章

怎样才能长期在股市中盈利

2.1 股票投资实现长期稳定盈利需要对股市有正确的认知

巴菲特说过："投资不难但也不简单，其实最重要的就是两门课。第一门课是如何看待市场波动，第二门课是如何给企业估值。"依我看这还不够，投资还要懂得一个更重要的问题——认识自我。

2.1.1 正确认识市场

不少股票投资者对市场的认识都是错误的，因而造成他们的投资决策成为事实上的赌博。格雷厄姆在其著作里为了揭示市场的本质，提到了"市场先生"一词。

什么是市场先生？在我的眼里，令很多投资者敬畏的市场其实就是"情绪极端冲动的群体"。A股三十多年来，股市行情不断地大起大落。投资者的情绪一直在乐观和悲观中来回切换。每次市场里的投资者对行情极度悲观，最后的结果都被证明是行情的大底；每次市场里的投资者极度看好未来的行情，最后的结果都被证明是行情的头部。每轮行情都是如此，几乎没有出现过例外。

市场行情的这种情绪性极端变化的特性，被价值投资"大师"形容为一个言行冲动的人，称为"市场先生"。

格雷厄姆说过："你必须想象股市行情的报价来自一位名字叫'市场先生'的朋友。'市场先生'每天都会对行情报价，即使你拥有的企业可能有非常稳定的收益，'市场先生'的报价也不会稳定。因为这个可怜的先生有易动感情的'不治之症'。有些时候他心情愉快，只能看到影响企业的有利因素。当拥有这种心境时，他会报出非常高的买卖价格。在另一些时候，他情绪低落，只能看到企业和世界的前途荆棘密布，在这种时候，他会报出非常低的价格。"

　　真实市场里的"市场先生"具体指的是谁呢？就是我们身边这些普通的投资者。例如，在2015年行情涨到5 000点时，很多从未接触过股票的朋友蜂拥而至，进入股市开户炒股，他们就是"市场先生"的化身。很多投资者在这时过度看好上市公司的业绩，过度看好未来的行情发展，大买已经上涨了五倍甚至十倍的股票。在A股行情跌到2 000多点时，不少投资者又开始过度看空经济，过度看空上市公司的前景，纷纷低价割肉离场。股市里的大多数投资者都是"市场先生"，只是他们自己没有意识到罢了。我们身边的投资者十有八九都是格雷厄姆所说的"市场先生"的典型。

　　"市场先生"说到底就是投资者的非理性情绪。例如，不少投资者在贵州茅台涨到2 600元/股时大喊贵州茅台发展前景好，股票当前价值被低估，开始大力追涨。六个月后，同样是这批投资者，在贵州茅台跌到1 600元/股后，认为贵州茅台发展前景暗淡，股票当前价值被高估，开始恐慌割肉。实际上，贵州茅台的基本面在这短短六个月里并没有发生多大的变化，每天依然会酿制那么多酒，公司的围墙和员工的薪水并没有发生任何变化。

　　为什么市场会经常失去理性？因为市场是由人组成的，在股市这样一个信息不完全透明、充满不确定性的市场里，投资者很容易成为"乌合之众"中的一员。

　　股市里的绝大多数人不清楚上市公司的未来发展会是什么样的，更不清楚未来的行情会向哪个方向发展。在这样的未来充满不确定性的环境下，投资者很容易采取"别人怎么做，我也怎么做"的策略。当行情上涨时会有更多的人加入追涨行列，当行情下跌时会有更多的人进入杀跌队伍，这样就会导致行情经常性地涨跌过头。

　　未来的不确定性使市场里的投资者极易产生恐慌情绪，这是股市行情不断出现涨跌过头的主要原因。"市场先生"可以是散户、大户，也可以是基金、券商这样的机构。只要投资者失去了理性，失去了独立思考能力，投资者就会随时变成"市场先生"。

"不确定性"导致的恐慌是投资者成为"市场先生"的根本原因，解决"不确定性"才是投资者避免成为"市场先生"的唯一办法，这需要投资者通过努力学习和独立思考，深入了解上市公司的基本面、市场规律和投资策略，只做确定性高的投资，成为一个理性的投资者。

2.1.2　正确认识风险和机遇

在股票投资中对风险和机遇有着正确的认识非常重要，二者是股票投资的基础。

1. 正确认识风险

正确认识风险主要有以下两条原则。

一是能力圈原则，也就是对自己的投资能力要有正确的认知。投资者在生活和工作中大都有自知之明，不会做自己能力以外的事情；但是到了股市里，投资者就变成了另一个人，变得急功近利，不再注意控制风险。投资者买着自己不了解的行业和上市公司的股票，缺少投资基础知识，却希望能马上捕捉到大牛股，投资新手不惜借钱炒股。投资者在自己的能力圈以外进行投资，最终的结果是：赚钱是偶然的，亏损则是必然的。

二是底线原则。大多数人都知道，在人生中如果犯了大错，则是很难翻身的。因此，他们在为人处世中设立了很多底线，以便能够平安地度过一生。在股票投资中，投资者也应当设立底线。例如，我们有1元钱，在炒股时就一定要尽量控制亏损的大小，最多只能亏到7角钱，如果能控制本金保持在8角、9角钱则更理想。这样，在下次行情变好时，我们就能迅速翻身盈利。如果由于心存侥幸而任由自己的本金下跌，没有设立风险的底线，使我们的1元钱本金跌到5角钱，就会使我们未来很难在股市里获得良好的投资收益，即使下次出现翻倍的行情，我们也仅能做到回本。

无论采用何种方法，一定要把本金的亏损幅度控制在30%以内，这是以后获得重大盈利的基础。世界上著名的股票投资人无一不是控制风险的行家。巴菲特为了控制风险，在美股迭创新高的时候，在他的手里还存有1 000多亿美元的现金。2021年7月，国内很多著名私募基金的仓位都在50%以下，不少公募基金以分红的方式进行变相的减仓。

2. 把握好机遇

把握好机遇必须做到以下两点。

一是利用好熊市和利空。重大利空和熊市环境是我们低成本买入优质公司股票的重大机遇。这时市场上往往一片恐慌，理性的投资者必须进行逆向投资，要做到"众人恐惧时我贪婪"。只有如此，才能利用好这样的大好投资机遇。真正的价值投资高手都非常喜欢熊市，因为在这个时候可以用低价买到牛市里股价高高在上的、自己心仪的优质公司的股票。每次的熊市或重大利空可能都是投资者人生里实现财富跃迁的重大机会，正所谓"选时要选大熊市，选股要选白马股"。

在股票投资中做到控制风险和把握机遇很难，不仅需要提高投资认知，还需要克服人性的弱点。但无论如何，我们应当知道这是股票投资中努力前进的正确方向。

二是要让利润奔跑。要想通过股票投资赚大钱，必须把握机遇。只做好风险控制是不行的，那样只能使自己的人生和投资平庸。当自己手中的股票大涨时，千万不要因为盈利十个、几十个百分点就卖出，千万不要以为股市里投资的重大机遇无穷。实际上，投资者的生命是有限的，在股市里投资的重大机遇也是有限的。我们要尽量把握住股票投资中可能遇到的重大机遇，为此要做到让利润尽可能地自由奔跑。

实际上，股票投资高手的投资收益主要就是由有限的几次、十几次重大投资机遇带来的。芒格说过："如果把我们最成功的十笔投资去掉，那么我们的投资就是一个笑话。"

2.1.3 拥有经商阅历和股票投资经验

有一位朋友问我：如果一个人看不懂财务报表，那么他能否选到好股票？

股票投资并不一定需要你精通财务分析，但是你至少要有一些经商阅历。投资者最好拥有多年的经商阅历和股票投资经验。其经商阅历越深，对相关事务认识得越深刻，逻辑就越强大，分析判断能力就越强。

当今社会正处于互联网时代，信息大爆炸。我们每天都会在网络上看到无数专业投资人士对上市公司的分析，很多投资者看了这些分析内容后由于缺少相应的行业从业经验，很难对其做出正确的判断。如果投资者过往有相关行业的阅历，就能轻松地看出这些公司或行业分析报告里哪些是关键，就能清楚某家公司、某个行业的投资逻辑。

例如，一位投资者做过酒厂老板，他在阅读白酒类公司的财务报表时，凭着自己的阅历，会比没有经营酒厂阅历的其他投资者看到更多的内容。他对酒类行业和上市公司的认知更深刻，他投资酒类上市公司具有独特的优势，甚至不用看财务报表，他也能知道哪家白酒公司更值得投资。

投资者的核心投资能力就是具备实体经营的丰富阅历，能从实体经营的角度去深刻分析判断上市公司的未来发展。

2.1.4 正确认识宏观经济数据对市场行情的影响

1. "宏观经济数据与股市行情同步对应"，这是一个错误的认知

有些股民和分析师在分析股市行情时，频繁引用宏观经济面因素来说明最近行情甚至当天行情上涨和下跌的原因，给投资者的感觉是经济数据时时刻刻影响当前的行情走势。实际上，无论是从逻辑上还是从历史数据来看，认为经济面与市场行情高度相关都是一个彻底的错误。最为关键的是，这个错误的认知会严重影响我们的投资决策。

一些投资者大脑里"经济数据与行情高度相关"的观念可能来自"股市是

经济的晴雨表"这类的传统经济学理论。但是，"股市是经济的晴雨表"理论表达的是股市的长期走势最终会与经济走势一致，并没有短、中期的股市行情与经济完全同步的意思。

比如今天股市大跌，有的专家就指出今天的行情大跌是因为就业指数或什么经济指标很差，这其实是在给行情暴跌事后生拉硬搬找理由。实际上，这些经济数据在行情暴跌前几天、前几周就公布了，在这些天里行情一直没有下跌，为什么唯独今天会大跌呢？

2. 股市行情是无数因素合力的结果

经济数据这个单维因素对股市行情的影响是很难估测的，股市行情是多种因素合力的结果，与单一因素极少有单线的因果关系。即使有直接的因果关系，也不一定马上对行情产生影响。比如经济会议召开或美联储公布经济数据，会议内容和经济数据在很多时候很早就被市场预料到了，在行情上已经有所表现。当公布会议内容或经济数据时，市场大多会按照自己原有的规律走下去，并不会因为会议内容或经济数据的好坏而出现相应的行情。

只有与市场预期有重大差别的会议内容或经济数据才有可能对行情产生同步的影响。注意这里用的是"可能"！就是说也有可能没有同步产生影响。因为股市行情是受多重因素影响的，经济会议、财政数据等只是其中的某个因素。就算马上对股市行情产生了影响，大多数也可能只是短暂的，比如降低印花税、建设某高新区等都只对当时的股市行情产生了短暂的影响。

退一万步讲，即便真有一个重大因素对股市行情产生了重大突发影响，投资者也基本上事前预测不到。就像2008年的金融危机，当时绝大多数经济学家在金融危机爆发前也没有预测到。市场上的各种"黑天鹅"事件更是不胜枚举。

3. 经济数据与股市行情在绝大多数情况下都是不完全同步的

从历史数据来看，无论是A股还是美股，都与经济数据不是保持完全同步的，经常出现几年甚至十年以上的相反走势。比如2015年上涨至5 000多点的

A股行情明显就与经济基本面无关,如果投资者按照经济基本面来操作就会错过这一轮大行情。

美国的主要经济数据在历史上经常出现与美国股市行情走势背离的情况。例如,经济进入加息周期,按理行情应当下跌,但是美国股市在历史上多次出现加息周期中股市不断创出新高的情况。

4. 经济数据的分析对股市长期投资的意义不大

经济数据本身就有复杂多变的特点,经济数据对股市行情的影响更是充满了不确定性,其表现为:有时有影响,有时没影响;有时马上影响,有时滞后影响;有时短期影响,有时长期影响;有的影响可以估算,有的影响无法估算;有时这个经济数据产生重要影响,有时那个经济数据产生重要影响……并且在绝大多数情况下投资者无法得知哪个数据影响的权重最大及其发生的时间。

最后,我得出的结论是——与其每日关注经济数据,不如在股市行情低迷时选择几家优质公司进行长期价值投资,以应对复杂的经济环境与股市行情波动的风险。

2.1.5 懂得使用应对策略

绝大多数股民每天的大部分精力都用在了预测行情涨跌上,其实这是错误的投资策略选择。经常有股民向我咨询自己手中的股票怎么样或者哪个热点板块会启动,我无法回答他们。他们的头脑里认为"炒股要想赚钱,必须懂得精确预测"。其实"预测"只占交易中极少的一部分,并且是不太重要的部分。在股票投资中,"应对策略"才是最重要的。在一次投资中可以没有预测部分,但是绝不能没有应对策略部分。

投资者与其追求预测"下一个热点""下次启动时间""能涨跌多少点"这些不确定性极高、根本无法精确预测的目标,不如老老实实做好资金管理、高股息投资、量化投资策略这些投资上的切实可行的"应对策略"。

怎样运用"应对策略"？例如，在短线交易中卖掉行情表现弱势的一两只股票，加仓走势强劲的或已获利的股票，以争取更大的短期盈利机会，这种方法就是"增强减弱"的应对策略。

又如采用资金管理均衡策略，在股票组合中以相近的金额配置多种不同的板块股票，这样可以达到投资组合的均衡，有利于取得较为稳健的投资收益；运用趋势跟踪策略，以趋势出现为买入和持股的依据，直到确认趋势可能发生变化再行卖出。在股票投资中常见的有价值投资策略、技术分析策略、量化投资策略等，做好进退自如的交易计划和左右逢源的"应对策略"才是股票投资中的重点。

2.1.6　正确地认知自我

投资者往往喜欢强调自己在市场中知道什么，却不愿意思考自己不知道什么。在股票投资中正确地认知自我，了解自己的弱点非常重要。正确认知自己主要包括三个方面的内容。

一是投资者应对自己的投资方法有正确的认知，因此，应当思考以下几个问题：

（1）应用当前这种投资方法交易几千次后会是什么样的结果？进行过严密的逻辑推理和电脑历史回溯的测算吗？

（2）自己的投资方法或交易策略内在的、深层次的投资理念和相应的世界观是什么？

（3）了解自己的投资方法的缺陷和局限吗？它在何种状态下是无效的？它的缺点可以弥补吗？

二是投资者应对自己的投资能力有正确的认知。投资者在投资中往往会过度高估自己的投资能力，反而缺少对自己投资能力的正确定位。

2015年股市大跌，很多投资者损失惨重，其中不乏一些股票投资老手和大、小金融机构。我的一位朋友作为股票投资新手，在股市大跌发生前半个多月刚刚进场开户，他投入了80万元，最终在股市大跌时却只损失了1 000元。他是怎么做到的？

他虽然在股票账户上投入了80万元，但是他最多时只买入了2万元的股票。当他发现行情开始转差时，更是把投入的资金缩减到只剩1万元，并且在股市大跌前，他清仓了所有股票。他之所以能够做到这些，并不是因为他的投资水平有多么高超，而是因为他对自己的投资能力有清醒的认知：自己是初入股市的投资者，只能承担与自己能力相匹配的风险。

不少投资者连"分红"的含义都不太清楚，却对自己的投资能力盲目自信。他们要么信奉做T能赚大钱，要么融资借贷炒股票，长期下来，最终的投资结果必然是损失惨重。

三是投资者应对自己的品性有正确的认知。优秀的投资者不但要了解自己的性格对投资的影响，还要通过投资内外的修炼来提高自己的道德品质，这样才能有优良的品质承接个人财富的增长。投资者在学习股票投资时必须拥有执着、吃苦、隐忍、善良这四大品质，否则很难做好股票投资，更难走好自己的人生道路。不少投资者缺少这四大品质里的两三种，很多人在学习股票投资的过程中最缺少的就是"隐忍"。

四是投资者应对自己投资心理的动态变化有及时的认知。有的投资者在平日里可能会以为自己很理性，做事情很有章法，实际上并不是这样的。真正的现实是普通人在大多数时间里都不是理性的。

一位成熟的股票投资者应当做到当自己出现贪婪的想法时，能及时知道自己贪婪；当自己出现恐慌的情绪时，能第一时间发现自己恐慌；当自己浮躁时，能迅速知晓自己浮躁。只有第一时间觉察到自己的心理变化，才能做自己内心的"主人"。

投资者为什么要炒股？绝大多数人的回答是：为了赚钱。但是，如果我们赚钱的欲望过于强烈，就容易使我们变得浮躁，使投资者的风险意识大大降低，甚至失去理性思考的能力。最终投资者就会在股市中受到熊熊赚钱欲望的驱使而变成欲望的"奴隶",不再是自己内心的"主人"。

2015年,在股市大跌崩盘中损失惨重的无数机构和个人投资者,他们不知道当时大盘达到5 000多点风险已经很高了吗?他们当中的大多数人其实都知道5 000多点是历史上的高点,只不过他们熊熊的赚钱欲望让他们的内心充满浮躁、侥幸、贪婪,他们当时失去了理性思考的能力而不自知。缺少内心变化的自察力是他们最大的问题。

内心变化的自察力在投资中是一种非常重要的能力,股票投资需要心静,只有心静才能生慧。如果内心浮躁,充斥着贪婪和恐惧,我们又如何能理性思考呢?当我们发现自己的内心很不平静时,我们要做的第一件事就是让自己的内心平静下来。

我是这样做到安静地思考的:当行情上涨异常火爆,市场群情激昂时,或当行情大跌,市场一片悲痛时,为了不受市场情绪和盘面的干扰,我一般会关上电脑,来到户外散步。我会边走边想在当前的行情下应当怎么决策。大概半小时以后,大脑中的思路会越来越清晰,就如浮沙全部沉入了水底,水面就会变得异常清澈。这时我会发现大脑中哪些想法是浮躁的、虚荣的、短视的,哪些想法是稳重的、务实的、长远的,并且会马上摒弃这些短视的、浮躁的、贪婪的想法,采取那些理性的、长远的、务实的思维策略。在2015年股市大幅下跌的三天前,我就是在街道上独自散步了一个多小时后决定清仓离场的。

很多人都以为股市中赚大钱的人都是最想赚钱甚至最贪婪的人,事实却恰恰相反,股市中能赚到大钱的人都是能很好地控制自己欲望的人,至少在持股过程中他们并没有"赚得更快""赚得更多"的想法。

最后总结一下股票投资的心法。

一是远离令我们浮躁的环境。建议投资者时常远离股票市场,关闭行情交易软件,或静室喝茶,或海边散步,或公园赏花。

二是尽量平复我们的内心。一般来说,在远离行情一段时间后,投资者的情绪就会渐渐平复,理性思考就会慢慢回归。

三是以第三者的视角观察内心的想法。这时就需要反观我们的内心，及时察觉我们内心的真实想法和意图。

四是做自己内心的主人，做出正确的决策。

投资者在反观内心时就会发现，内心有两个"我"在进行激烈的辩论，两个"我"各自提出的观点似乎都很有道理，我们可能会一时陷入纠结矛盾当中。这时，我们需要根据投资的最基本、最核心的逻辑对两个"我"的观点进行认真鉴别。

当投资者认定其中一个"我"的观点正确时，就会消灭另一个"我"的想法，然后按照"正确的我"的意见来坚决执行，虽然有时"正确的我"的意见可能会让投资者暂时"很痛苦"。

例如，在2015年那轮行情大幅下跌的三天前，我的大脑中就很乱，有不少持有和看多的理由，也有不少看空的声音。我的内心对"持有"还是"清仓"充满纠结，一时拿不定主意。这时，我关闭行情交易软件，来到街头边走边思考，10分钟以后慢慢地厘清了思路。

这时我发现自己看多的理由主要归纳为——眼下行情不错、我有少部分仓位尚没有获利、后市行情有可能会继续上涨、一旦发现风险自己可以及时止损。

而自己看空的理由主要归纳为——行情已大涨两年多、市场估值过高、盘面有大资金抛售迹象、市场人气过旺。

我对这两方面的理由进行仔细甄别，发现看多的理由更多的是由自身的贪婪引发的，有更多的侥幸、短视的投机心理，并没有实质性的、能站住脚的看多依据；而看空的理由则依据更充分，更有说服力，也更理性，思考也更长远。

如果投资者在思考买卖决策时没有感觉到思绪的纷乱、矛盾，或者没有感觉到"两个不同的我"在说话，那就说明你的自我反观能力较弱。建议你练习一下静坐，在静坐中"观看"自己的思绪起起伏伏。当然，也可以从内观自己的呼吸由粗变细、由强变弱的种种变化开始。

总之，一定要有第一时间觉察到自己心理变化的能力。例如，因为一件小事自己生气了，在刚刚生气的三五秒内就必须及时发现自己生气了，而不是摔完东西、骂完人才发现自己居然愤怒了，后悔没能及时控制自己的情绪。及时发现自己的心理变化，做自己内心的"主人"，这是投资者认知自己的重要部分，也是投资的基本功。

2.2　股票投资实现长期稳定盈利必须突破的三大障碍

我有一位同事炒股29年，但是他直到现在依然没有在市场上赚到钱。他也学习了不少的投资技巧，但最终收效甚微。主要原因是他虽然学习股票投资多年，但是没有突破股票投资的三大障碍：精确预测、禀赋效应、投机心态。

2.2.1　精确预测

绝大多数股民进入股市不久就会迷失在对行情的精确预测里。在股市几百年的历史中，迷信行情能被精确预测的投资者，没有一个最终能取得良好的投资收益。在A股市场上，有的人预测行情指数的点位精确到个位甚至小数点后两位，有的人预测股价的支撑位和阻力位精确到几角、几分，还有的人追求精确预测行情的启动时间，学习江恩四方图、波浪理论等预测法则，但是收效甚微。

我是在彻底放弃了精确预测行情的想法后，才慢慢走上了投资的正道。而我的这位同事29年来一直走的是精确预测行情这条道路。他经常做行情指数点位的预测，在电脑上画满各种技术图线来预测行情的头部和底部。每年他都会做出很多关于行情指数和个股涨跌的预测。但是这么多年过去了，他在股市上的投资收益实际上已经跑输了银行存款。

股市行情每天都在震荡，充满了不确定性，这使得投资者在投资时缺乏安全感，于是他们就想通过精确预测行情来解决问题。经常有人问我某只股票能涨到多少元，或能跌到多少元，或什么时候能上涨等。这样的问题只有这些迷信"精确预测"的投资者才能提出来。行情的走势是受各种场内、场外的合力影响的，在本质上是无法被精确预测的，投资者必须深刻地认识到这一点才能够做好股票投资。

面对行情涨跌的不确定性，最好的方法是采取"应对策略"。投资者只有用"应对策略"来替代"精确预测"，才能冲出股票投资的第一道迷雾。

2.2.2 禀赋效应

人们在生活和工作中常常会做出仅靠自己主观判断的事情，这是由立场或利益决定的。我在20年前发现，股票投资者非常容易过度看好自己所持有的股票，更容易关注自己所持有的股票的种种利好消息，甚至主观放大这些利好消息的作用，而对种种利空消息往往不愿意去关注，甚至把利空解读为利好。市场上的投资者大都如此，极少有人能真正客观、理性地分析自己所持有的股票。

很多投资者总是牢记自己在投资中准确预测的例子，有意或无意地忘记自己有更多的失败预测。这使得他们永远不能正确统计自己的预测成功率，永远无法走上正确的投资道路。

投资者在投资的绝大多数时间里都是非理性的。投资者在空仓时就更容易关注市场上的利空消息，在重仓时更愿意关注市场上有什么利好消息。这是投资者的先天性弱点——只愿意甚至只能看到自己想看到的东西，对自己讨厌的事物会选择性地忽视。

因此，在每次交易前后，投资者都要不断地反观自己是否真的做到了客观、理性。客观、理性地分析问题是有很大难度的，需要我们在投资实践中不断地努力控制、化解这种禀赋效应。禀赋效应可能是大脑对自我的一种保护，但它也是人性的弱点之一。它会使我们在投资中失去客观判断的能力，从而沦为股票市场上的被套者。

2.2.3　投机心态

投资者在炒股时大都抱有一种博弈心态，原因是他们大多有着急功近利的心理，希望通过放手一搏能迅速致富。

投资者之所以在股市里投机，是因为人性很难拒绝盘面上所显示的快速赚钱机会的诱惑。一只股票连续三天涨停就会让很多人"看到"迅速盈利的机会，不少人就会铤而走险进行投机。

我的一位朋友平时非常认同我做股票组合分散风险的投资策略，结果，他看了几天盘面后，看到一只股票的盘面突然大涨，抑制不住冲动，将所有资金买入了这只股票，但在买完后不久就被套住了，损失惨重。面对盘面的大涨诱惑，他没有控制住自己的欲望，也就是所谓的"利令智昏"。世界上聪明的人不少，但是能拒绝诱惑的人却不多。很多聪明人办傻事，并不是因为智商不够，而是因为"欲望"使自己没能够抵御诱惑。

股市"迅速赚钱"的方法包括跟踪热点、频繁换股、重仓一两只股票、高抛低吸——这些令股民感到兴奋的做法实际上都是股票投机。投机能在短时间内迅速让投资者产生盈利的兴奋，但是长期下来给投资者带来的却是损失累累和遍体鳞伤。

真正成功的股票投资过程是不可能令投资者感到刺激和兴奋的，大都需要投资者长时间忍受内心的孤独、煎熬甚至痛苦。财不入急门，在股市里慢慢变富才是正道。

2.3　在股市中把握盈利需要制订投资计划

投资稳定盈利从制订投资计划开始。完整、周密的投资计划的制订和执行关乎投资的成败。

有一次，一位股友问我："孟老师，长安汽车现在可以买入吗？"

我回答："看你想持有多久。"股友说："说实话，还没想过多久。如果我持有一年，那么现在买入是不是更好？"我回答："那要看你计划一年内赚多少，然后才能想其他的。"

股友听了我的回答后表示大有启发，感谢我让他发现了一个以前从未思考过的视角。这位股友的主要问题在于他在投资股票前没有制订周密的投资计划，对自己想持股多长时间以及想赚多少钱都没有一个严密的计划，这样的投资最终是很难赚到钱的。

2.3.1　在制订投资计划前需要问自己三个问题

专业投资者在买入股票之前都会制订详细的投资计划，普通股民即便做不到制订投资计划，但也应在买入前问自己三个问题。

第一个问题是："我最多能承担得起多少亏损？"绝大多数人在买入股票前只想着赚钱，没有认真想过亏钱的事情。很多人甚至认为股票价格下跌了，只要死拿硬扛，早晚能涨回来。在他们眼中，炒股就是没有多大风险的事情。实际上，炒股的风险非常大，股票投资者的投资结果基本遵循"1赚2平7亏"的规律。

只有在买入股票之前考虑好自己能承担得起多大亏损，才能做好股票投资。有的人借钱炒股，在大亏以后难以偿还，导致精神崩溃，并且不敢告诉家里人。这就是典型的在买入股票之前没有好好想想自己到底能承担得起多大的亏损。只有在买入股票之前想清楚自己到底能承担得起多大的亏损，才有可能制订切实可行的、详细的投资计划，才有可能控制自己的炒股风险，才有可能拥有一个良好的投资心态，最终才有可能在股市里实现财富人生。

假设股民小王持有现金150万元，他现在最多能承受50万元的投资损失。他应该在买入股票前制订一份具体的投资计划，包括投入多少资金、资产如何配置、股票组合的构成、仓位比例、止损的原则等。这些都必须围绕这个50万元的亏损底线来制订，目的是控制风险，使自己的资产不会轻易有超过50万元的损失，并且要在控制风险的前提下尽可能地做到投资收益的最大化。通过这样的投资计划，将风险控制落到实处。

第二个问题是："我准备持有多长时间？"一只股票我们准备持有十年和准备持有一个月，所选用的投资策略肯定大为不同。这就是一开始那位股友所提出的长安汽车的问题我无法回答的原因。

例如，当前有一只消费行业的30多倍市盈率的优秀龙头公司股票，如果你在买入前准备"持有十年"，那么你完全可以以当前的价格买它。也就是说，一家成长性不错的优秀公司，只要当前的市盈率不是高得离谱，只要你持有的时间很长，那么原则上可以无视当前的大盘波动，更不用考虑当前是否为板块热点。

如果你在买入前制定的目标是"一个月或一年内赚到钱"，那么你要考虑现在的股价在近一个月或一年中处于什么位置，当前的市场热点是什么，大盘短、中期行情是否可能下跌，本次交易应该买多少，以及在什么时候止损等问题。

很多投资者在买入股票之前都没有想过这些问题。实际上，想好"我准备持有多长时间"非常重要，它不仅关系着选股标准和投资方式，而且关系着自己的心态。

第三个问题是："这次交易我想赚多少钱？"这么简单的问题，大多数股民在买入股票前也没有想过。股民大多想的是"走一步，看一步"，这种想法在股票投资中是绝对错误的。"这次交易我想赚多少钱"的问题直接关系着我们在股票市场上的择时和选股，以及持股时间等方方面面。例如，我们上山想打一只鹿，可能带一两个人、一两把武器就够了；如果我们上山想打一只虎，那么我们就需要有一支小分队，而且要做好更充分的准备。股票交易是一个体系，牵一发而动全身。我们制订的投资目标直接关系到投资系统的建立。

如果你这次买入只想赚几千元或几个百分点，那么你完全可以用少量资金进行试错性买入，通过追涨热点就有可能实现目标，短线交易无须关注公司基本面。如果你想赚一两倍以上，那就需要考虑当前的股票估值，就必须看公司的年报，以及要做好分批买入，持有三年以上的时间准备等。

2.3.2 制订投资计划的意义

每当有投资者问我："我亏了40%多了，现在应该怎么办？"我大多数时间会忍不住回应："你在买入之前做什么去了？你在买入之前没想过自己可能会亏损吗？"我的言下之意是"你这时才问我，我也无力回天了"。

投资者面对行情的大涨大跌大多不具备理性的处理能力。常见的情况是投资者看到手中的股票大涨后，要么血脉偾张，唯恐股价跌回而急忙卖出，结果却常常卖飞翻倍牛股；要么陷入狂热臆想，死拿不放，希望翻很多倍，结果却白白坐过山车，由盈利变为套牢。

这两种情况其实都是投资者凭"本能直觉"来买卖股票的典型表现。怎样才能解决这个问题呢？我认为必须进行事先的排练和制订详尽的计划。股市行情涨跌关系着投资者的切身利益，在大涨大跌之间投资者很容易乱了分寸。因此，投资者必须在平时制订一份详细的投资计划，以保证自己能在交易中一直保持理性。

在制订投资计划之前，投资者要根据自己以往股票投资的亏损教训，总结出自己的亏损底线，即自己每次交易最大可承受多少亏损。例如，投资者发现自己的底线是亏损超过股票总资产的30%就难以承受，那么投资者要为此制订一个具体的风险控制方案。在实际投资中，投资者必须通过买什么、买多少、怎么买、买多长时间、怎么卖等一系列的成体系的方法来达到控制风险的目的。这就涉及资产配置、股票组合、持股头寸等问题。

例如，投资者买入了福耀玻璃、片仔癀、工商银行、长安汽车、宝钢股份等十多只分布于多个行业的公司的股票。这种分散投资，多只股票之间的涨跌对冲让投资者的股票资产很难浮亏达到30%，即使其中有两只股票浮亏达到50%以上，投资者的账户资产浮亏也很难达到30%以上。这样的资产配置和股票组合会使投资者拥有良好的心态来长期持股，有利于投资者获取长期稳定的投资收益。

在买入股票之前，投资者制订了选股标准及买多少只、每只买多少、在什么情况下减仓等一系列投资计划，其中包含了对未来所有可能出现的行情的应对策略。这样一来，投资者虽然不能马上在股市里大赚，但是至少可以控制自己的亏损幅度, 由大亏到小亏, 由小亏到不亏, 慢慢走上投资正道。

2.4　懂得股票投资中的取舍之道

老子说过:"将欲夺之, 必固与之。"意思是想要夺取别人的东西, 就一定要先给予他。在股票投资中也是如此, 想要赚钱, 就必须在赚钱之前想想自己需要付出的成本或代价是多少。

比如钓鱼, 你会失去鱼饵, 这就是你的成本。股票投资也要在取得收益之前, 先考虑自己可能会失去多少。无论你是新手还是老手, 无论你是用自有资金还是用融资借贷资金, 你在投资股票前必须考虑的第一件事是——我愿意为这次投资承受多大的风险或我愿意为这次投资亏损多少。

这个你愿意承担的风险就是投资者的潜在成本。比如你炒股所愿意承受的风险最大是1万元, 那么你的潜在成本就是1万元, 也就是说, 你愿意用损失1万元的风险去博取投资的更大收益。

这件事情不想好, 投资是没法做的。很多人在股票投资中不愿意付出任何成本, 表现为持有的股票价格稍一下跌就烦躁不安, 几天不涨就准备换股操作。这些没有想好"舍得"的人是不适合做股票投资的, 低风险的理财产品才是最适合他们的。

投资者确实可能会在股票投资中产生永久性的损失, 因此, 在投资前必须认真考虑"准备付出多少资产代价以换取获得较大投资收益的机会", 这个取舍策略主要和我们的长期投资战略有关系。

例如, 某位投资者极度看好海信电器这只股票, 他愿意付出10万元的损失和5年的等待时间来博取实现3倍投资收益的机会。因此, 他在股票投资中拿出10万元来持有海信电器5年以上(他同时还持有其他的股票), 即使海信电器在他持有的5年时间内一直下跌, 损失达到6万元以上也不会卖出, 因为这就是他愿意付出的代价。

绝大多数投资者是极度厌恶股票投资亏损的。20年前，我的一位朋友炒股，当时他投入了10万元，不久被套浮亏1万元。我给出的建议是止损出局，我的这位朋友不肯付出这1万元的代价，他选择了死扛回本的策略。10年后，他等来了6 000多点的大牛市，他被套牢10年的股票才得以回本。这种死扛策略合算吗？10年前，如果他听从我的建议止损，将剩下的9万元即使存入银行获得利息收入，10年时间也会远远超过1万元。很明显，付出1万元的代价进行止损的策略更合算。

实际上，他还算是幸运的，不是所有人都像他这么幸运的。我有一位同事买入一只股票亏损后就选择死扛，7年后该股票退市了，可谓损失惨重。大多数股民做股票投资不愿意付出"代价"，不懂得正确的取舍。

有的投资者会说："你刚说完投资者愿意为海信电器等5年并且愿意损失10万元，而你现在却说别人长期持有被套的股票是错误的！你这里的观点前后矛盾。"

并不矛盾。请注意，在海信电器这个例子里，投资者的选择是主动的，他在买入前就已经想好要付出"5年10万元"的代价。而那些被套的股民在买入前根本没有主动想过"付出"或"舍得"，而是在被套后才被迫选择长期持有的。

一个是主动，一个是被动，在心态上就完全不同。主动进行取舍的投资者，在买入前已经做好了最坏情况的应对，为自己留下了退路，必然不会影响自己投资的大局。而那些由于被套而被迫长期持有的人，他们在买入前没有做好任何准备，他们最后的投资结果只能交给命运了。

人生和投资都必须敢于决断、懂得取舍，这是成功的基本条件。我认识一个炒期货的人，在他的手上共有四套房子。他在40美元/桶的低位做多石油，结果石油价格继续下跌，他卖掉了一套房子继续补仓。但是不久，石油价格又创下新低，他为了不被清盘，就又卖掉了一套房子。可是不久，石油价格继续下跌，他就又卖掉了一套房子。他的四套房子卖掉了三套，最后只剩下一套。一年多以后，石油价格大涨至120美元/桶以上，由于持仓极重，他轻松赚取了几十套房子的收益。

我举这个例子并不是让大家学他那样卖房子做投资，我们没有必要像他那样极端，但是，我们"自有的几十万元闲置资金做好亏损30%的准备"应该能做到吧？普通投资者在投资中赚不到钱的原因之一就是——想钓大鱼，但是舍不得鱼饵。

在投资领域家喻户晓的投资者大都有着被套50%以上的经历。股票投资要想赚钱，就必须承受套牢。在投资的大方向没有出错的前提下，制订周密的投资计划，肯于承受被套50%、10年以上的投资者要比只肯被套3%、1个月的投资者和没有制订投资计划、被套后盲目死扛10年甚至几十年等待回本的投资者赚钱的概率大得多。

股票投资中的取舍之道在具体的投资实践中主要表现为以下几种方式。

1. 以"小舍"争取"大得"的投资机会

投资的风险对于投资者来说高不高，其实并不在于投资的品种本身风险的大小。投资风险的高低主要取决于投资者投入的资金多少。即使是期货、期权这样的高风险投资品种，只要我们投入的资金相对较少，那么风险也会相对可控。在股票投资中完全可以用小比例资金即"小舍"来参与较大风险的高成长性股票，以争取较大的回报。

例如，一位投资者共有100万元资金，他愿意以亏损2万元为代价，以当时200元/股的价格买入100股某只高风险、高成长的股票，进行10年以上的长期投资。最终投资的结果即便是亏损了，也不过损失2万元，这完全在这位投资者可承受的损失范围之内。如果他的投资一旦成功，则可能获利2万元，甚至20万元、200万元。

又如，某位投资者以较低的仓位、极低的价格买入几只可能重组的垃圾股。一旦重组成功，回报颇丰；如果重组失败，由于投入的资金比例较低，则损失也在可控的范围内。

2. 以"舍弃"眼前的盈利来换取未来较大的投资收益

一位成熟的投资者经常获利几十个百分点而不动心。他宁可放弃眼前几十个百分点的盈利，也要继续主动等待以争取更大的盈利机会，只有这样他才有可能捕捉到大牛股而获利数倍以上。

例如，有一年我买入一只股票，当获利16%时账面上已浮盈数十万元。我的内心马上产生卖出股票的冲动，后面行情可能会下跌，这几十万元盈利有可能会回吐。但我必须承受这种盈利回吐的风险，这是为了获取更大投资收益应当付出的代价。几天后股价大跌，我的数十万元账面盈利化为乌有。有一瞬间，我的心里有一个声音说："见好不收，怎么样，现在傻了吧？"

我只后悔了2秒，马上就坚定了自己的持有策略。我在买入股票之前就已经考虑好放弃这种获利数十万元的机会，因为这是我这种投资体系长期获得成功必须付出的代价。两周后这只股票大涨，并创出历史新高。这时我的获利已达40%以上，账面已盈利100多万元。

3. 下列几类股票要学会舍弃

成熟的投资者都了解自己的投资能力，只在自己的能力范围内进行投资。比如巴菲特几十年来都不买入互联网类上市公司的股票，主要原因是他对互联网这种事物不太了解。

下面几种类型的股票我建议大家要学会舍弃。

（1）ST和*ST的股票。大多数股票投资高手都不会买ST和*ST的股票，因为这类股票有很大的概率最后会退市。这种股票背后的上市公司很难扭亏为盈，大多数会长期保持亏损。能够乌鸦变凤凰，通过重组转型成为一家优质公司的ST股票极少，重组成功是一个小概率事件。并且在买入ST股票以后必须每天盯盘，因为这种股票的投机性较强，一般都是短期内大涨大跌的行情，搞不好股价会再下一个台阶，需要时刻做好止损的准备。

（2）不了解的热门股票。很多股票看似基本面和行情非常好，但是由于自己并不是很了解这些股票背后的上市公司的基本面，成熟的投资者就会选择放弃。投资者在买入不熟悉的股票后会忐忑不安，在行情的波动下很难坚定持有股票。即使是市场公认的优质股票，由于投资者并不是真正地了解上市公司的基本面发展，所以，投资者也很难安心持股。很多高科技企业，像芯片、5G这类公司，普通投资者很难看懂它们的盈利模式和优势，跟风买入后往往会忐忑不安，不知道自己所买的股票估值是否过高，当股价下跌后就会陷入进退两难的境地。

（3）不讲诚信的上市公司的股票。有的上市公司无故更改自己的资金用途；有的上市公司违规公布消息，引起股价大幅震荡；还有的公司喜欢蹭市场热点，时常公布一些与当前市场热点相关的项目。这样的上市公司没有把精力放在主业上，都是价值投资者远离的对象。

4. 建立战略性投资格局，舍弃投机取巧的战术性机会

什么是战略？就是从长期着眼，做长期正确的事情。什么是战术？就是关注眼前得失，做短期正确的事情。股票投资必须从战略出发，做"长期正确"的事情，放弃战术性的看似"短期正确"的投资。

什么是短期正确的事情？

就是一种做法在几天、几个月看来效果非常好，能很快获得丰厚的回报。

什么是长期正确的事情？

就是一种决策在几天、几个月看来没有多大效果，甚至可能会带来负面效果，但在几年、几十年以后可以获得丰厚的回报。

绝大多数"短期正确"的事情，从长期来看都是不正确的，"长期正确"的事情才是指引我们人生和投资的正确方向。

从短期来看融资炒股是绝对正确的，能够赚很多钱。但是，如果长期融资炒股，那么早晚会爆仓，因为融资炒股从长期来看就不是正确的事情。利弗莫尔在投资中三起三落，他的资产一度达到常人难以企及的程度，但是他最终破产了，最重要的原因就是他使用了杠杆——做了"短期正确"的事情。

在股市上，绝大多数投资者都喜欢做"短期正确"的事情。例如，很多股民在3 000点或3 200点抛出股票，然后他们希望在2 600点甚至2 200点买回来。这种策略是一件"短期正确"的事情，但是从长期来看，这百分之百就是一个错误的决策。

（1）从短期来看，他们这次抛出后出现了预期中的股指下跌，操作的结果似乎非常正确，但是他们未来大概率没有低位接回股票的机会。因为高抛的投资者肯定站在偏空的立场上，他们希望大盘跌得越多越好，在3 000点抛出的投资者大多不肯在2 800点左右进场，偏空的立场使他们希望指数跌到2 400点甚至2 000点以下。但就算指数后来真的跌到了2 400点或2 000点以下，他们大多也未必敢于进场买入，他们认为指数可能还会继续下跌。

如果他们抛出以后指数没有跌到2 400点，反而开始反弹至3 000点甚至3 200点，那么这时他们也大多不敢进场，因为这是他们抛出的位置，他们不会甘心。一般来说，他们最有可能会在以后行情涨至3 700点甚至4 000点以上时才下定决心追高，但是这时行情可能已接近尾声，等待他们的就是高位套牢。

（2）即使他们这次高抛低吸成功了，在3 000点抛出后股指跌到了2 000点，他们在2 000点买回股票，成功抄到底部，但这不是运气吗？世界上没有人有精确预测行情的能力，这次的抄底成功会让他们尝到甜头，会让他们在下次的行情里继续高抛低吸。但是，这样长久下去，早晚会出现"高抛"后行情单边连续大涨或"低吸"后行情不断下跌的情况，他们早晚会因为沉迷于高抛低吸而遭受巨大的投资损失。

做"短期正确"的事情实际上就是要小聪明，就是在做战术性的"投机"。真正的大智慧往往是做"长期正确"的事情。"长期正确"的事情就是明知行情可能会下跌，也坚定持有股票不动，坚定持有一揽子优秀公司的股票，坚定等待闪电打下来的那一刻。因为优秀公司业绩持续增长的趋势没有变化。

投资者做"长期正确"的事情看似当前的投资效果并不好，比如短期、中期被套牢或频繁地坐过山车，但是却把握住了投资的战略方向——无论行情如何波动，投资者的手里一直有股票；无论行情何时大涨，都能确保在场内。

第3章

做一个会分析基本面的价值投资者

3.1 怎样阅读上市公司的年报

作为价值投资者,需要了解上市公司的基本面,阅读上市公司的年报是投资者的基本功。另外,还要学会怎样进行调研及给股票估值。

很多股民阅读上市公司年报的办法就是看行情交易软件【F10】里的数据资料,这是远远不够的。【F10】里的数据资料都是经过交易软件编辑的年报简化版,里面缺少大量重要的年报内容和数据。机构和专业的个人投资者基本不依赖【F10】,他们会直接看原版的或未经编辑的上市公司年报内容。

3.1.1 查找年报

上市公司的年报在哪里寻找呢? 常见的做法是在"巨潮资讯网"里寻找。此外,在上海证券交易所和深圳证券交易所的相关网站里都有上市公司的年报。

如果你想看港股相关上市公司的年报,则需要去港交所的相关网站里查找。另外,有些财经网站也会提供上市公司的年报内容,这里就不一一列举了。中国证监会指定的几家证券报刊里也会有大量的年报类内容,这类证券报刊一般在市级图书馆里可以免费阅读到。

专业投资机构的分析师阅读年报一般用同花顺Wind、Cookie、iFind等金融数据软件,这些软件大多是付费的。普通投资者直接在互联网上查找年报就足够了,在网上搜索"巨潮资讯"或"上海证券交易所""深圳证券交易所"就可以进入寻找相应的上市公司年报。

3.1.2 年报的阅读重点

年报里的内容繁多,哪些是我们阅读的重点呢? 我认为主要有以下几个。

1. 会计师事务所审计意见

上市公司的年报需要经过会计师事务所的审核，这是一套固定程序。会计师事务所出具的审计意见非常重要，会对投资者的投资决策提供一定的参考。

以中国石油为例，当打开年报第一页时，就会看到如图3-1所示的字样。

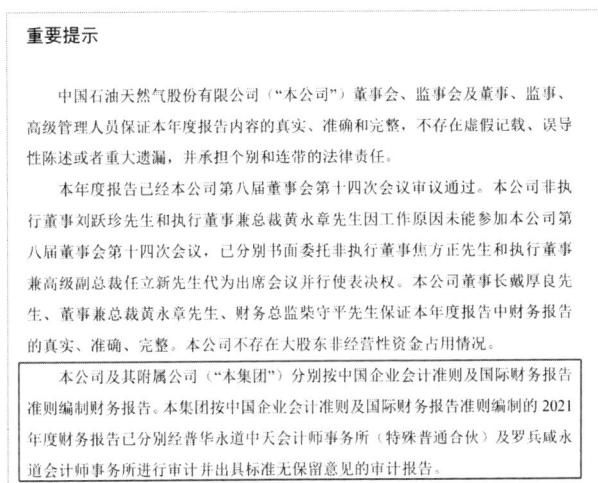

重要提示

中国石油天然气股份有限公司（"本公司"）董事会、监事会及董事、监事、高级管理人员保证本年度报告内容的真实、准确和完整，不存在虚假记载、误导性陈述或者重大遗漏，并承担个别和连带的法律责任。

本年度报告已经本公司第八届董事会第十四次会议审议通过。本公司非执行董事刘跃珍先生和执行董事兼总裁黄永章先生因工作原因未能参加本公司第八届董事会第十四次会议，已分别书面委托非执行董事焦方正先生和执行董事兼高级副总裁任立新先生代为出席会议并行使表决权。本公司董事长戴厚良先生、董事兼总裁黄永章先生、财务总监柴守平先生保证本年度报告中财务报告的真实、准确、完整。本公司不存在大股东非经营性资金占用情况。

本公司及其附属公司（"本集团"）分别按中国企业会计准则及国际财务报告准则编制财务报告。本集团按中国企业会计准则及国际财务报告准则编制的2021年度财务报告已分别经普华永道中天会计师事务所（特殊普通合伙）及罗兵咸永道会计师事务所进行审计并出具标准无保留意见的审计报告。

图3-1 中国石油年报第一页

图3-1方框里就是会计师事务所的审计意见。会计师事务所审计年报后出具的是"标准无保留意见"。

"标准无保留意见"是什么意思呢？意思是会计师事务所对年报进行了审计，没有发现问题。"标准无保留意见"是会计师事务所对上市公司年报最好的审计结果。除此以外，会计师事务所在年报上出具的审计结果还有：保留意见、否定意见、无法表示意见。

（1）保留意见：对这份年报中的部分内容，会计师事务所保留自己的意见。

（2）否定意见：会计师事务所认为年报内容可能存在较大问题。

（3）无法表示意见：会计师事务所对年报内容的真实可信度存疑。

2019年，有上百家上市公司的年报被会计师事务所出具了"保留意见"和"无法表示意见"。投资者在阅读上市公司的年报时，当发现会计师事务所出具的不是"标准无保留意见"时，那么基本上可以认为这家上市公司的财务数据有问题，可能有造假嫌疑。投资者最好远离这类上市公司，因为它们以后有被强行退市的可能。

图3-2所示为如意集团2019年的年报开始部分，会计师事务所出具了"保留意见"，意思就是对年报中的部分内容，会计师事务所与上市公司有不同的看法。

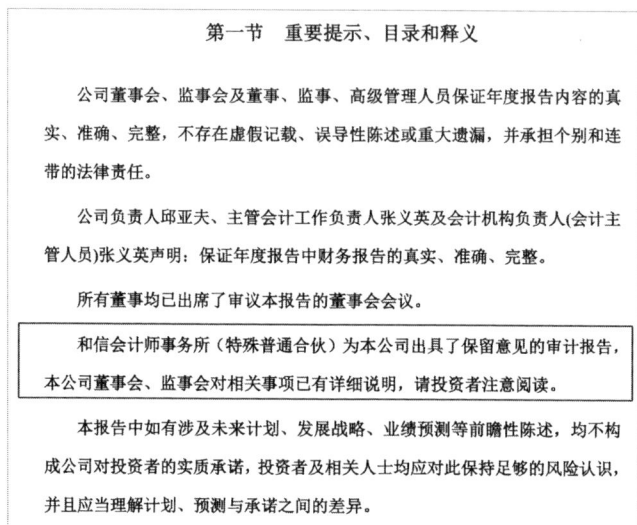

第一节　重要提示、目录和释义

公司董事会、监事会及董事、监事、高级管理人员保证年度报告内容的真实、准确、完整，不存在虚假记载、误导性陈述或重大遗漏，并承担个别和连带的法律责任。

公司负责人邱亚夫、主管会计工作负责人张义英及会计机构负责人(会计主管人员)张义英声明：保证年度报告中财务报告的真实、准确、完整。

所有董事均已出席了审议本报告的董事会会议。

和信会计师事务所(特殊普通合伙)为本公司出具了保留意见的审计报告，本公司董事会、监事会对相关事项已有详细说明，请投资者注意阅读。

本报告中如有涉及未来计划、发展战略、业绩预测等前瞻性陈述，均不构成公司对投资者的实质承诺，投资者及相关人士均应对此保持足够的风险认识，并且应当理解计划、预测与承诺之间的差异。

图3-2　如意集团2019年的年报开始部分

绝大多数被出具非"标准无保留意见"的上市公司都有经营上的严重问题，都是稳健的投资者在投资中应该回避的对象。

2. 公司基本情况简介

年报的主体一般包括公司基本情况简介、董事长发言、行业发展、经营情况讨论与分析、公司未来发展的展望、核心竞争力分析等。

"公司基本情况简介"(有些年报该部分命名为"公司业务概要")位于年报的开始部分，这部分内容可以帮助投资者迅速了解公司的行业地位。一般来说，如果上市公司在公司基本情况简介里没有提自己是行业"最""领导""第一"，那么它目前肯定不是行业最强者。

以同行业的金域医学和迪安诊断的年报里的公司基本情况简介进行对比，

就会发现，金域医学的简介里就有"规模最大""覆盖最广""领导企业"类的词语，而迪安诊断的简介乃至整个年报里也没有出现过"最"类的词语，如图3-3和图3-4所示。

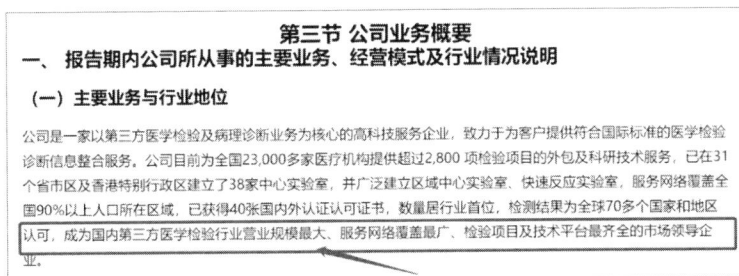

第三节 公司业务概要
一、报告期内公司所从事的主要业务、经营模式及行业情况说明

（一）主要业务与行业地位

公司是一家以第三方医学检验及病理诊断业务为核心的高科技服务企业，致力于为客户提供符合国际标准的医学检验诊断信息整合服务。公司目前为全国23,000多家医疗机构提供超过2,800项检验项目的外包及科研技术服务，已在31个省市区及香港特别行政区建立了38家中心实验室，并广泛建立区域中心实验室、快速反应实验室，服务网络覆盖全国90%以上人口所在区域，已获得40张国内外认证认可证书，数量居行业首位，检测结果为全球70多个国家和地区认可，成为国内第三方医学检验行业营业规模最大、服务网络覆盖最广、检验项目及技术平台最齐全的市场领导企业。

图3-3　金域医学的基本情况简介

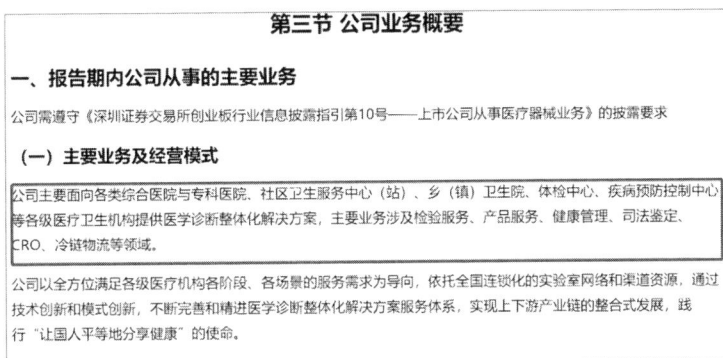

第三节 公司业务概要

一、报告期内公司从事的主要业务

公司需遵守《深圳证券交易所创业板行业信息披露指引第10号——上市公司从事医疗器械业务》的披露要求

（一）主要业务及经营模式

公司主要面向各类综合医院与专科医院、社区卫生服务中心（站）、乡（镇）卫生院、体检中心、疾病预防控制中心等各级医疗卫生机构提供医学诊断整体化解决方案，主要业务涉及检验服务、产品服务、健康管理、司法鉴定、CRO、冷链物流等领域。

公司以全方位满足各级医疗机构各阶段、各场景的服务需求为导向，依托全国连锁化的实验室网络和渠道资源，通过技术创新和模式创新，不断完善和精进医学诊断整体化解决方案服务体系，实现上下游产业链的整合式发展，践行"让国人平等地分享健康"的使命。

图3-4　迪安诊断的基本情况简介

通过公司基本情况简介就可以看出同行业里谁的实力最强。例如，同为国内机械行业的巨头，三一重工就在简介里说自己是世界巨头之一，而中联重工在整个年报里也没有提及这样的字眼。三一重工确实在整体实力上要强于中联重工。很多投资者之所以不知道某个行业里哪家公司的实力最强，就是因为他们从来不去阅读年报。当然，投资者对年报内容也不能盲信，在阅读年报时要抱着怀疑的态度，还要综合年报以外的行业资料来对年报进行立体分析。

3. 董事长发言

年报里董事长发言的内容是非常重要的，它可以向投资者展示上市公司高管对行业的分析判断能力。有经商、管理经验的投资者和行业内部人士能够通过年报里董事长的发言看出公司高管的水平。例如,我们认为一个行业未来竞争激烈,可能处于低谷期,但这个行业里的一家上市公司的董事长在年报里的发言却认为当前行业前景一片光明,并提出要加大产能。这时投资者就要考虑,是自己对行业判断错误,还是公司管理层能力不足,对未来行业发展的判断有误。

投资者经常阅读年报就会发现,如果投资者本身对这个行业一无所知,那么他在阅读年报时就无法对年报内容有真正的理解,甚至会被年报内容误导。年报阅读者本身就应当是上市公司所属行业的"半个专家"才好。怎样才能成为行业专家呢?只有经常阅读行业报纸、杂志,多看行业相关书籍和研究报告,多去实地调研行业基层单位,才能够成为行业专家。

4. 公司业务回顾

业务回顾是总结本年度上市公司经营过程、遇到的问题、获得的成绩之类的内容,对于投资者了解上市公司的经营情况非常重要。图3-5所示为中石油2020年年报中的业务回顾。

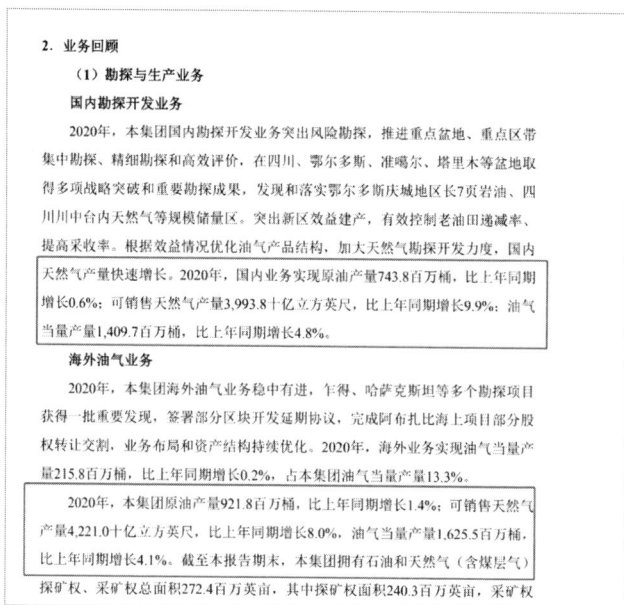

2. 业务回顾

(1)勘探与生产业务

国内勘探开发业务

2020年,本集团国内勘探开发业务突出风险勘探,推进重点盆地、重点区带集中勘探、精细勘探和高效评价,在四川、鄂尔多斯、准噶尔、塔里木等盆地取得多项战略突破和重要勘探成果,发现和落实鄂尔多斯庆城地区长7页岩油、四川川中台内天然气等规模储量区。突出新区效益建产,有效控制老油田递减率、提高采收率。根据效益情况优化油气产品结构,加大天然气勘探开发力度,国内天然气产量快速增长。2020年,国内业务实现原油产量743.8百万桶,比上年同期增长0.6%;可销售天然气产量3,993.8十亿立方英尺,比上年同期增长9.9%;油气当量产量1,409.7百万桶,比上年同期增长4.8%。

海外油气业务

2020年,本集团海外油气业务稳中有进,乍得、哈萨克斯坦等多个勘探项目获得一批重要发现,签署部分区块开发延期协议,完成阿布扎比海上项目部分股权转让交割,业务布局和资产结构持续优化。2020年,海外业务实现油气当量产量215.8百万桶,比上年同期增长0.2%,占本集团油气当量产量13.3%。

2020年,本集团原油产量921.8百万桶,比上年同期增长1.4%;可销售天然气产量4,221.0十亿立方英尺,比上年同期增长8.0%,油气当量产量1,625.5百万桶,比上年同期增长4.1%。截至本报告期末,本集团拥有石油和天然气(含煤层气)探矿权、采矿权总面积272.4百万英亩,其中探矿权面积240.3百万英亩,采矿权

图3-5 中石油2020年年报中的业务回顾

可以看到，中石油在2020年度的业绩增速并不高。回看其以往的年报，就会发现在“业务回顾”里给出的每年的业绩增速都不高，一般都是个位数。这是由于公司早已进入成熟期，公司的体量太大，已经很难有迅猛的业绩增速了。当前影响公司业绩增长的最重要因素其实就是“国际油价”。

5. 公司经营情况讨论与分析

从这里可以看出公司管理层对公司经营情况的分析和判断，对于投资者了解公司的经营情况具有重要的参考意义。

图3-6所示为中石油年报里的“经营情况讨论与分析”。

经营情况讨论与分析

以下讨论与分析应与本集团年度报告及其他章节所列之本集团经审计的财务报表及其附注同时阅读。

1. 以下涉及的财务数据摘自本集团按国际财务报告准则编制并经过审计的财务报表

（1）合并经营业绩

2020 年，本集团实现营业收入人民币 19,338.36 亿元，比上年同期下降 23.2%；实现归属于母公司股东净利润人民币 190.06 亿元，比上年同期下降 58.4%；实现每股基本收益人民币 0.10 元，比上年同期减少人民币 0.15 元。

营业收入　2020 年本集团的营业收入为人民币 19,338.36 亿元，比 2019 年的人民币 25,168.10 亿元下降 23.2%。主要由于本集团大部分油气产品销售量减少、价格大幅下降。下表列示了本集团 2020 年及 2019 年主要产品对外销售数量、平均实现价格以及各自的变化率：

	销售量（千吨）			平均实现价格（人民币元/吨）		
	2020 年	2019 年	变化率(%)	2020 年	2019 年	变化率(%)
原油*	158,266	150,322	5.3	2,070	3,162	(34.5)
天然气（亿立方米、人民币元/千立方米）**	2,487.45	2,590.91	(4.0)	1,170	1,313	(10.9)
汽油	66,084	76,366	(13.5)	5,561	6,487	(14.3)

图3-6　中石油年报里的“经营情况讨论与分析”

这里说本集团的营业收入和利润下降是由于油价较低、销售量减少造成的，这当然是可信的，因为2020年的大部分时间国际油价低迷，并且由于客观环境影响，各种车辆的活动相对偏少。

图3-7所示为对各种费用的解释，方框里的员工费用竟然达到1 476.04亿元，这还是对比2019年下降以后的数值。这里的员工费用是怎么做到同比减少

的呢？年报里的解释是实行"工效挂钩联动机制"，也就是绩效工资，即干多少活，给多少钱。

> 员工费用　2020年本集团的员工费用（包括各类用工的工资、各类保险、住房公积金、培训费等附加费）为1 476.04亿元，比2019年的1 543.18亿元下降4.4%，主要由于实行工效挂钩联动机制及地方政府减免社会保险等。
>
> 勘探费用　2020年本集团的勘探费用为193.33亿元，比2019年的207.75亿元下降6.9%，主要由于本集团根据油价变动优化勘探方案，控制勘探费用支出。
>
> 折旧、折耗及摊销　2020年本集团的折旧、折耗及摊销为2 138.75亿元，比2019年的2 252.62亿元下降5.1%，主要由于油价下降导致本集团油气储量减少，以及管道资产重组综合影响。
>
> 销售、一般性和管理费用　2020年本集团的销售、一般性和管理费用为643.45亿元，比2019年的685.96亿元下降6.2%，主要由于本集团深入推进提质增效工作，严控非生产性支出。
>
> 除所得税外的其他税赋　2020年本集团除所得税外的其他税赋为1 958.50亿元，比2019年的2 284.36亿元下降14.3%，其中：消费税为1 455.25亿元，比2019年的1 649.73亿元下降11.8%；资源税为184.68亿元，比2019年的243.88亿元下降24.3%；石油特别收益金为1.78亿元，比2019年的7.71亿元下降76.9%。

图3-7　中石油年报里费用披露

但是，即便如此，这项费用也只下降了4.4%。这不得不让人考虑这种做法的效果到底怎么样，未来员工费用是否还会有下降的空间。在2020年国际油价下行、销售量大减的背景下，实行"工效挂钩联动机制"原本就容易减少员工费用。如果按照这种方法，未来国际油价上行，客观环境转好，公司销售量上升，那么公司的员工费用会不会又上升呢？

6. 公司未来发展战略

通过阅读年报，投资者要了解公司的未来发展方向和战略布局是什么。公司的战略布局是否合理是投资者要重点思考的问题之一。这就需要年报阅读者的经营经验和商业智慧。图3-8列举了"三只松鼠"2019年年报里的公司发展战略。

九、公司未来发展的展望

（一）未来发展战略

2020年，公司将持续深化"制造型自有品牌多业态零售商"定位，坚持以用户为中心，以数字化为载体，通过大联盟和新组织构建新型产业联合体，加快数字化供应链平台建设，实现管理及创新驱动。

同时，公司将进一步提升供应链、运营及组织能力。依托对用户需求的高效洞察，进一步拓展产品矩阵，并优化成本结构，提升产品质量：以"拓全国、先优质、后密集"为优先策略，实现线下门店全国化布局，优化门店经营效率。同时，进一步强化线上运营能力，提高流量获取及规模优势，提升用户服务体验；全面推进"六制五化"改革，建立公司规则体系，切实提高经营管理水平，打造卓越经营能力，推动食品产业共同发展。

（二）2020年主要工作规划

1. 深度推进以数字化重构供应链和组织，加快供应链平台企业建设

2020年，公司将深度推进以数字化技术实现供应链前置与组织新效率。围绕供应链系统升级，通过打通需求端、供应端、渠道端和物流端数据，将信息充分整合，以需求端数据指导产品研发生产和企业决策，从而更高效地与消费者实现双向互动，满足消费者的动态需求，数字化赋能各环节实现降本增效。围绕组织升级，紧抓云管理数字化，初步实现组织在线，完成流程中心、制度中心和人/财/物全生命周期的数字化建设。

在大联盟方面，公司将"以用户为中心，数字化为载体，通过大联盟与新组织，构建产业联合体"作为松鼠的长期护城河战略。2020年，公司将以安徽无为新制造园区为起点，加快探索基于物流、分装工厂、联盟工厂运营一体化的新制造园区模式。联合产品、质量、组织、劳务、物业、财务、技术等要素，积极探索园区管理制度及工厂仓配一体化体系。

在门店运营体系方面，公司将在以"四个数字化"为核心的门店供应链一体化运营体系理论基础上，通过基于小场景的货架数字化、一物一码的产品数字化、会员制的用户数字化以及工作平台的职位数字化，打造技术领先的门店供应链一体化

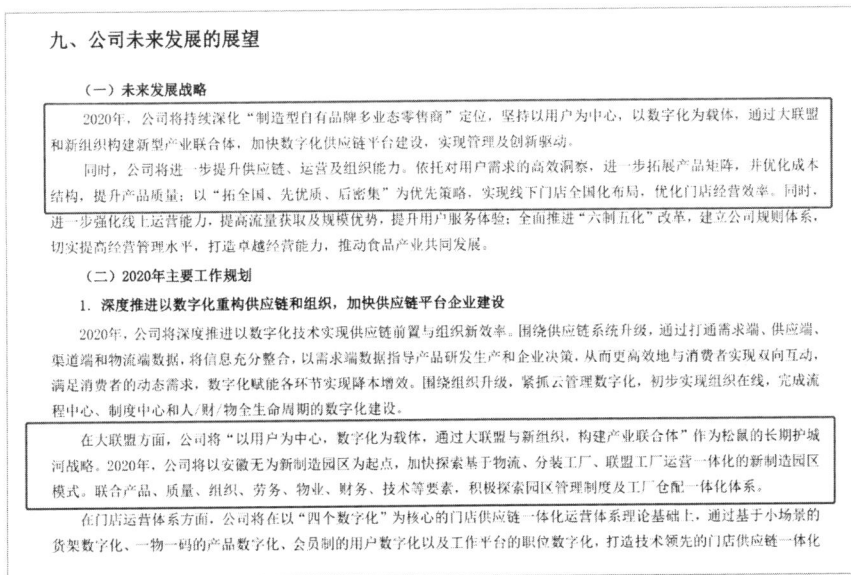

图3-8　"三只松鼠"2019年年报里的公司发展战略

从图3-8方框中的两段话里可以看到"大联盟和新组织构建产业联合体""线下门店全国化布局"这两处关键词语。这是什么意思呢？年报阅读者可以通过本年度公司年报或以往年度公司年报找到答案。"大联盟"就是公司自己不进行生产，生产环节由其他公司来完成，公司和这些公司通过缔结长期协议等建成所谓的联盟。三只松鼠这么做的目的就是使自己保持轻资产，但是这样做的一个弊端是公司的产品质量很难得到保证。作为一家食品公司，产品质量是极其关键的问题。

"线下门店全国化布局"是非常费钱、费时的工作，需要寻找合适的地点，需要租房、装修、宣传等。略有经商常识的人都可以看出三只松鼠的这个战略布局的推进将是缓慢的、非常耗费财力的，这将极大地增加公司的经营风险，考验公司的资金运营能力。

有的投资者可能不看好公司的这个未来发展战略，从而把它从自己的自选股里删除，有的投资者可能更看好其他坚果公司的全产业链经营战略，选择能够自产、自销的食品公司。

投资者在分析公司未来发展战略时需要考虑这个战略在当前环境下是否可行，以及在后面的年报里观察公司的战略实施执行情况，对这家公司的未来发展做出自己的判断。

7. 公司业务概要

这部分内容非常重要，可以帮助投资者迅速了解这家公司的基本业务情况。以伊利股份这家公司为例，如图3-9所示。

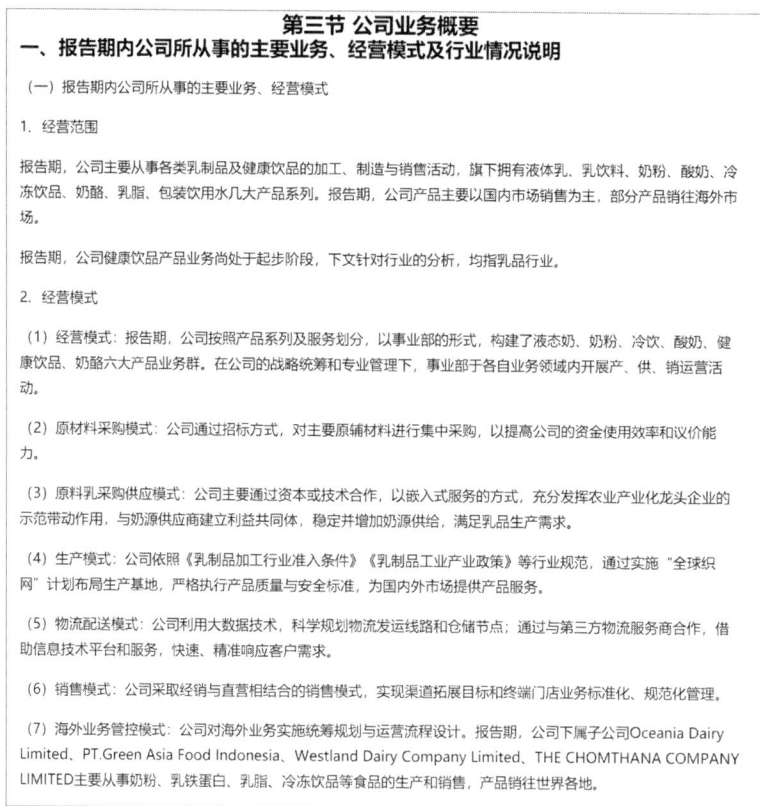

第三节 公司业务概要
一、报告期内公司所从事的主要业务、经营模式及行业情况说明

（一）报告期内公司所从事的主要业务、经营模式

1. 经营范围

报告期，公司主要从事各类乳制品及健康饮品的加工、制造与销售活动，旗下拥有液态乳、乳饮料、奶粉、酸奶、冷冻饮品、奶酪、乳脂、包装饮用水几大产品系列。报告期，公司产品主要以国内市场销售为主，部分产品销往海外市场。

报告期，公司健康饮品产品业务尚处于起步阶段，下文针对行业的分析，均指乳品行业。

2. 经营模式

（1）经营模式：报告期，公司按照产品系列及服务划分，以事业部的形式，构建了液态奶、奶粉、冷饮、酸奶、健康饮品、奶酪六大产品业务群。在公司的战略统筹和专业管理下，事业部在各自业务领域内开展产、供、销运营活动。

（2）原材料采购模式：公司通过招标方式，对主要原辅材料进行集中采购，以提高公司的资金使用效率和议价能力。

（3）原料乳采购供应模式：公司主要通过资本或技术合作，以嵌入式服务的方式，充分发挥农业产业化龙头企业的示范带动作用，与奶源供应商建立利益共同体，稳定并增加奶源供应，满足乳品生产需求。

（4）生产模式：公司依照《乳制品加工行业准入条件》《乳制品工业产业政策》等行业规范，通过实施"全球织网"计划布局生产基地，严格执行产品质量与安全标准，为国内外市场提供产品服务。

（5）物流配送模式：公司利用大数据技术，科学规划物流发运线路和仓储节点；通过与第三方物流服务商合作，借助信息技术平台和服务，快速、精准响应客户需求。

（6）销售模式：公司采取经销与直营相结合的销售模式，实现渠道拓展目标和终端门店业务标准化、规范化管理。

（7）海外业务管控模式：公司对海外业务实施统筹规划与运营流程设计。报告期，公司下属子公司Oceania Dairy Limited、PT.Green Asia Food Indonesia、Westland Dairy Company Limited、THE CHOMTHANA COMPANY LIMITED主要从事奶粉、乳铁蛋白、乳脂、冷冻饮品等食品的生产和销售，产品销往世界各地。

图3-9 伊利股份的业务概要

投资者通过"业务概要"这部分内容可以迅速了解公司的业务情况，特别是投资者最为关注的公司盈利模式。投资者必须知道公司的业务模式与同类公司的业务模式有没有区别、公司最重要的业务是什么、行业周期对公司的影响及公司的行业地位等情况，这些都为投资者后面对公司进行估值提供了定性参考。

8. 核心竞争力分析

通过阅读这部分内容，投资者可以对公司的竞争实力有所了解，评估公司的经营是否有竞争优势，是否适合长线投资。从多份同行业公司年报的这部分内容的对比中可以大概了解各公司的竞争实力。投资者进行价值投资，其中很重要的一部分就是选择竞争实力强大的公司，以期获得稳定的、持续的投资回报。

图3-10所示为一家医疗检测公司年报中的核心竞争力分析。

图3-10　一家医疗检测公司年报中的核心竞争力分析

年报里的其他内容还有股东结构、员工情况、财务报表等，其中的财务报表是年报阅读的重点，投资者需要具有一定的财务分析能力才能看懂。

要想深入了解一个行业，至少要把这个行业里的几家主要上市公司的年报都看一下。例如，手中持有金域医学，不能只看金域医学这家公司的年报，还要看同行业的迪安诊断、美年健康、华大基因等几家公司的年报；分析坚果行业，不但要看三只松鼠的年报，还要看甘源食品、良品铺子、恰恰食品、好想你、盐津铺子等其他几家同行业公司的年报。

年报阅读者要对同行业的董事长发言、未来发展战略、财务数据等进行横向和纵向对比，对比它们的经营模式和财务数据有何异同，思考造成这种差异的原因是什么等。

3.2 财务报表中几个需要重点关注的财务数据

财务报表中的有些财务数据对于分析上市公司的现状及前景非常重要，值得投资者重点关注，比如营业收入、净资产收益率、净利率等。这些财务数据是投资者对上市公司进行分析的基础，在这里主要讲解扣非净利润、应收账款、商誉这三个财务数据。

3.2.1 扣非净利润

怎样才能了解一家上市公司当年的主营业务是否盈利？

很多投资者会说："这还不容易？看这家公司今年的净利润或者看每股收益的大小。"错！净利润其实并不能真正反映企业的盈利能力与可持续发展的情况。

为什么呢？净利润实际上包含了企业正常经营以外的各种偶然性的、不可持续性的收入，比如获得国家相关部门的补贴、公司售卖股票获得的收益、处置闲置资产获得的钱款等。这些主营业务以外的收入时常数额巨大，极容易被一些上市公司拿来"粉饰"业绩，使投资者很难一眼看清公司当年的真实经营情况。

下面公式里的净利润不仅包括营业外收入、补贴收入，还包括汇兑损益。

净利润＝利润总额－所得税

利润总额＝营业利润＋营业外收入－营业外支出＋补贴收入＋汇兑损益

有的投资者会说："要想知道公司主营业务的经营盈利情况，看营业利润不就得了？"也不行！因为财务报表中的营业利润包含了公司对外投资股票、房产等明显与主营业务无关的收益。看下面的简化公式：

营业利润=营业收入−营业成本−资产减值损失+公允价值变动收益+投资收益

上市公司的财务报表里有一项财务数据最能反映企业主营业务的真实盈利情况，它就是扣非净利润。扣非净利润是什么意思？就是扣除与企业主营业务无关的一切收入与开支后得到的利润。这个利润才是真实反映企业经营盈利情况的。扣非净利润在财务报表上显示是扣除非经常性损益后的净利润。

什么是非经常性损益呢？比如出售子公司股权、获得政府相关部门的补贴收入、财务利息收入等。

以中联重科在2017年的业绩为例，如果投资者不懂得看扣非净利润，只看净利润，就会误以为公司当年的经营情况与去年同期相比大为好转。投资者可能就会据此投资公司股票，甚至会重仓追高买入股票。从图3-11中可以看到，中联重科2017年的利润总额同比增长222.28%。

中联重科 000157.SZ 8.25 +2.48%　财务摘要		
	2017-12-31	**2016-12-31**
报告期	年报	年报
	合并报表	合并报表
数据来源		
∨ **利润表摘要**		
营业总收入：（单位：万元）	2,327,289.37	2,002,251.67
同比(%)	16.23	-3.52
营业总成本：（单位：万元）	3,312,183.52	2,195,726.98
营业利润：（单位：万元）	121,777.79	-180,345.12
同比(%)	202.20	-198.02
利润总额：（单位：万元）	124,142.16	-101,522.54
同比(%)	222.28	-3,149.98
净利润：（单位：万元）	124,798.27	-90,480.84

图3-11　中联重科在2017年的业绩

但是，如果继续看公司在2017年的扣非净利润（见图3-12），就会发现，公司的主营业务并没有什么起色，扣非净利润依然显示继续亏损。中联重科的净利润与扣非净利润的差距真是太大了。

中联重科 000157.SZ 8.25 +2.48% 财务摘要		
	2017-12-31	2016-12-31
报告期	年报	年报
	合并报表	合并报表
数据来源		
▽ 利润表摘要		
营业总收入：（单位：万元）	2,327,289.37	2,002,251.67
同比(%)	16.23	-3.52
营业总成本：（单位：万元）	3,312,183.52	2,195,726.98
营业利润：（单位：万元）	121,777.79	-180,345.12
同比(%)	202.20	-198.02
利润总额：（单位：万元）	124,142.16	-101,522.54
同比(%)	222.28	-3,149.98
净利润：（单位：万元）	124,798.27	-90,480.84
同比(%)	237.93	-1,092.58
归属母公司股东的净利润：（单位：万元）	133,192.37	-93,369.75
同比(%)	242.65	-1,218.64
非经常性损益：（单位：万元）	928,230.37	74,403.39
扣非后归属母公司股东的净利润：（单位：万元）	-795,038.00	-167,773.13

图3-12　中联重科在2017年的扣非净利润

中联重科因为在2017年第三季度有一笔投资收益——出售子公司股权所获得的收益是108亿元，这笔收益根据财务原则要加入利润当中，所以，净利润看起来很好。但是，中联重科不可能年年变卖资产，所以，这是一笔非经常性损益。在扣除这项非经常性损益后就可以看到，中联重科的净利润由近13亿元变成了亏损近80亿元。这个在扣非净利润中显示的亏损79.5亿元才是公司在2017年度主营业务真实的盈利情况。

有的股友会问："这种非经常性损益的数值巨大的情况，在A股全体上市公司中是个别情况还是普遍情况呢？"

这是一个普遍情况。特别是其中的政府补贴，每年都有数千家上市公司获得政府补贴。据统计，在2016年第三季度有2 700多家上市公司获得政府补贴，占A股当时上市公司总数的90%以上。有的上市公司获得的补贴多达几十亿元，中石油就曾经拿到36亿元的政府补贴。像京东方A、上汽集团等上市公司经常获得政府相关部门的补贴。还有些上市公司既获得了政府补贴，又有股票投资收益、汇兑损益等其他非经常性损益，情况会更复杂。但是，在扣除这些非经常性损益后，依然可以清楚地看到公司主营业务的真实盈利情况。

例如，华联综超在2017年第三季度看似盈利7 195万元，但是扣非净利润只有860多万元，公司的经营情况远没有净利润显示的那么乐观，如图3-13所示。

华联综超 600361.SH 5.34 -0.37% 财务摘要	
	2017-09-30
报告期	三季报
数据来源	合并报表
∨ 利润表摘要	
营业总收入：（单位：万元）	918,052.81
同比(%)	-5.91
营业总成本：（单位：万元）	923,107.33
营业利润：（单位：万元）	29,768.75
同比(%)	548.27
利润总额：（单位：万元）	7,642.42
同比(%)	152.66
净利润：（单位：万元）	6,973.35
同比(%)	146.78
归属母公司股东的净利润：（单位：万元）	7,195.10
同比(%)	148.50
非经常性损益：（单位：万元）	6,330.43
扣非后归属母公司股东的净利润（单位：万元）	864.67

图3-13　华联综超在2017年第三季度的盈利情况

华联综超在2017年第三季度的非经常性损益达到6 330万元，包括公司出售子公司股权、获得政府补贴、处置非流动性资产、其他营业外收入等。

可以这样说，只有学会看扣非净利润，才算真正入门股票投资。当然，并不是所有的非经常性损益都能增大公司的净利润，少数公司由于投资收益亏损、资产减值等还会造成扣非净利润大于公司净利润。无论怎么说，扣非净利润都是投资者不可缺少的、非常重要的分析企业经营状况的财务指标。

3.2.2　应收账款

什么是应收账款呢？就是企业做生意时被对方拖欠的钱，即应当收到而没有收到的钱款。

例如，我开了一家烧饼店，卖了10个烧饼给老王，每个烧饼售价1元，总共销售收入是10元。但是老王收到烧饼以后没有马上给我钱款，承诺以后再付款。这10元钱对于我来说是还没有收回来的钱款，我记在自己的账本上就是应收账款10元。10元的卖烧饼钱属于我的资产，只不过暂时还没有收回来，因此，应收账款归属于资产负债表中的资产。投资者看一家上市公司的主营业务被拖欠的钱款有多少，就要到上市公司年报中的资产负债表中去寻找。

很显然，应收账款很多不是一件好事情。比如今天卖出100个烧饼，有10个烧饼没有收到现钱，这样卖烧饼回到手中的钱款就少了10元。应收账款过多会影响自己的经营。要知道做烧饼要自己买面、买油，还要交水电费、卫生费等费用，如果自己回款过慢或外面欠款太多，就有可能没有足够的钱去买面、油等生产原料，就会影响烧饼的制作，从而影响销售和利润。这时我可能会因为手中缺少资金购置原材料而四处借钱，可借钱一般要付利息，这样就会因为我借钱买原材料而导致烧饼的制作成本上升，最终影响我在每一个烧饼上的利润。

为了深入了解应收账款，先讲一下什么叫作"收入"，财务报表中的收入和现实生活中的收入有所不同。在现实生活中，今天我卖出100个烧饼，由于老王当时有10个烧饼没给钱，我可以说今天我获得了90个烧饼共90元的收入。

但是在会计的眼里不是这样的。会计认为卖给老王这10个烧饼虽然我当下没有收到钱款，但是我获得了收款的权利，会计会在财务报表上记录今天的收入是100元，而不是90元。

也就是说,上市公司财务报表中的收入并不是实打实的收入,里面一般都包括一些现在没有收到钱款的收入。例如,一家上市公司今年主营业务收入1亿元,但是真正到手的收入可能只有7 000万元,还有3 000万元被别人拖欠着。

按照会计的算法,我今天卖出100个烧饼,每个烧饼赚1毛钱,今天的总利润是10元钱。虽然老王拖欠我10元钱,但是会计是不管的。会计会把老王欠的10元钱记在今天的应收账款中。今天的利润就是10元!这是会计的确认准则。

但是老王欠的10元钱确实是有隐忧的。一旦老王以后失去了联系,这10元钱不就收不回来了吗?就成为坏账。

在财务报表中是怎么确认坏账的呢?

一般是按时间原则来计算确认坏账的。例如,这个应收账款有一年了,就计提5%的损失,第二年没收回款项就计提10%的损失,第三年就计提20%的损失,5年收不回来钱一般会计提100%的损失。

这个坏账损失怎么确认、按怎样的原则计提主要还是由各上市公司自主决定的,只要符合会计准则就行。

例如,老王欠我10个烧饼的钱5年了,但是我相信他早晚会归还,我在账本上一分钱的坏账损失也不计提,也是完全可以的。虽然其他人可能会对于这笔钱能否收回保持怀疑,但是我这么做账,并不违反会计准则。老王欠小张10个烧饼的钱才一年,小张就完全认赔了,把这10个烧饼的钱全部计为坏账损失。这就是我和小张采用了不同的记账原则导致的。

应收账款有潜在成为坏账的可能,确认为坏账后会影响企业的当期利润。因此,在判断一家上市公司的利润质量时,需要看它的应收账款有多少,如果它的应收账款过高,那么这个利润的含金量就不太高。

下面以贵州茅台和华夏幸福为例,讲解一下这个问题。

图3-14所示为贵州茅台的财务报表数据,粗线方框中显示的扣非净利润是414多亿元。

主要会计数据	2019年（单位：元）	2018年（单位：元）	本期比上年同期增减(%)	2017年（单位：元）
营业收入	85,429,573,467.25	73,638,872,388.03	16.01	58,217,861,314.17
归属于上市公司股东的净利润	41,206,471,014.43	35,203,625,263.22	17.05	27,079,360,255.74
归属于上市公司股东的扣除非经常性损益的净利润	41,406,909,012.08	35,585,443,648.60	16.36	27,224,083,628.17
经营活动产生的现金流量净额	45,210,612,632.56	41,385,234,406.72	9.24	22,153,036,084.13
	2019年末	2018年末	本期末比上年同期末增减（%）	2017年末
归属于上市公司股东的净资产	136,010,349,875.11	112,838,564,332.05	20.54	91,451,522,828.96
总资产	183,042,372,042.50	159,846,674,736.01	14.51	134,610,116,875.08
期末总股本	1,256,197,800.00	1,256,197,800.00		1,256,197,800.00

图3-14 贵州茅台的财务报表数据

再看图3-15，贵州茅台在2019年的应收账款是多少？是0！也就是当年没有人拖欠贵州茅台的钱，这是一手交钱一手交货的生意，可见贵州茅台的利润含金量之高。

合并资产负债表

2019年12月31日

编制单位：贵州茅台酒股份有限公司

单位:元 币种:人民币

项目	附注	2019年12月31日	2018年12月31日
流动资产：			
货币资金	1	13,251,817,237.85	112,074,791,420.06
结算备付金			
拆出资金	2	117,377,810,563.27	
交易性金融资产			
以公允价值计量且其变动计入当期损益的金融资产			
衍生金融资产			
应收票据	3	1,463,000,645.08	563,739,710.00
应收账款	4		
应收款项融资			
预付款项	5	1,549,477,339.41	1,182,378,508.06
应收保费			
应收分保账款			
应收分保合同准备金			
其他应收款	6	76,540,490.99	393,890,493.12
其中：应收利息			343,889,944.47
应收股利			
买入返售金融资产			
存货	7	25,284,920,806.33	23,506,950,842.22
持有待售资产			
一年内到期的非流动资产			
其他流动资产	8	20,904,926.15	140,084,334.11
流动资产合计		159,024,472,009.08	137,861,835,307.57
非流动资产：			
发放贷款和垫款	9	48,750,000.00	36,075,000.00
债权投资			
可供出售金融资产			29,000,000.00

图3-15 贵州茅台的资产负债表

如图3-16所示, 贵州茅台有一笔5年以上的应收账款320多万元。相比于贵州茅台每年几百亿元的利润, 几百万元的应收账款可以忽略不计。

4. 应收账款

(1). 按账龄披露

√适用 □不适用

单位: 元 币种: 人民币

账龄	期末账面余额
1年以内	
1年以内小计	
1至2年	
2至3年	
3至4年	
4至5年	
5年以上	3,243,804.43
合计	3,243,804.43

图3-16　贵州茅台的应收账款

图3-17罗列了贵州茅台的欠款方主要是哪些公司, 这些公司各自欠了多少钱, 并且贵州茅台把这些欠款都计提了损失, 也就是认赔了。

(4). 按欠款方归集的期末余额前五名的应收账款情况

√适用 □不适用

单位: 元 币种: 人民币

单位名称	期末余额	账龄	占应收账款期末余额合计数的比例(%)	坏账准备期末余额
云南昆明远威经贸有限公司	847,620.00	5年以上	26.13	847,620.00
天津飞萌实业有限公司	784,900.00	5年以上	24.20	784,900.00
上海国际名酒发展有限责任公司	375,776.00	5年以上	11.58	375,776.00
深圳友谊商场	194,200.00	5年以上	5.99	194,200.00
深圳粮油进出口公司北京分公司	109,504.86	5年以上	3.38	109,504.86
合计	2,312,000.86		71.28	2,312,000.86

图3-17　贵州茅台应收账款欠款方情况

我们再对比一家房地产企业华夏幸福, 这家公司2019年年底的扣非净利润是144多亿元, 如图3-18所示。

但是其应收账款却达到468多亿元! 这相当于该公司三四年的利润总和, 可见华夏幸福有很多欠款没有收回, 如图3-19所示。

七、近三年主要会计数据和财务指标

(一) 主要会计数据

单位：元 币种：人民币

主要会计数据	2019年	2018年	本期比上年同期增减（%）	2017年
营业收入	105,209,536,217.22	83,798,590,154.69	25.55	59,635,420,323.19
归属于上市公司股东的净利润	14,611,778,496.72	11,745,792,470.30	24.40	8,839,569,642.74
归属于上市公司股东的扣除非经常性损益的净利润	14,442,810,810.00	10,586,383,111.37	36.43	8,321,165,216.50
经营活动产生的现金流量净额	-31,819,098,425.06	-7,427,812,398.92	不适用	-16,227,729,027.49
	2019年末	2018年末	本期末比上年同期末增减（%）	2017年末
归属于上市公司股东的净资产	50,036,273,358.07	43,776,499,526.22	14.30	37,136,447,275.54
总资产	457,811,946,545.48	409,711,834,060.00	11.74	375,919,950,264.93

图3-18　华夏幸福2019年年底的扣非净利润

合并资产负债表

2019年12月31日

编制单位:华夏幸福基业股份有限公司

单位:元　币种:人民币

项目	附注	2019年12月31日	2018年12月31日
流动资产:			
货币资金	七、1	42,962,713,063.01	47,281,783,657.02
结算备付金			
拆出资金			
交易性金融资产			
以公允价值计量且其变动计入当期损益的金融资产			
衍生金融资产			
应收票据	七、4	390,200.00	
应收账款	七、5	46,871,039,461.85	34,437,662,054.65
应收款项融资			
预付款项	七、7	4,628,653,350.31	3,200,794,205.56
应收保费			
应收分保账款			
应收分保合同准备金			
其他应收款	七、8	15,408,171,679.90	13,331,931,262.73
其中：应收利息		363,524,599.81	280,788,803.42
应收股利			
买入返售金融资产			
存货	七、9	290,281,390,276.14	254,522,679,712.80
持有待售资产			
一年内到期的非流动资产	七、11	3,705,320,000.00	2,015,614,903.00
其他流动资产	七、12	14,986,809,112.27	13,169,906,384.19

图3-19　华夏幸福2019年年底的应收账款情况

华夏幸福有这么多欠款收不回来，而且它还要进行新的投资建设，可见它的资金是紧张的。近几年，它多次以7%以上的利息融资来保证生产经营，这必将会产生很高的利息费用，严重影响公司的利润。虽然欠款方为县、市级政府，但这毕竟是一笔沉重的财务负担。所以，通过对比这两家公司的应收账款，投资者就可以知道哪家公司的投资风险更低，更值得投资。

3.2.3 商 誉

"无并购，不商誉。"商誉是企业在经营并购活动中产生的。上市公司为了促进业务的发展，经常会高价收购其他企业，收购溢价在财务报表上表现为商誉。

例如，2021年1月26日，A股上市公司力源信息发布业绩预告，2020年业绩亏损16亿元以上，主要原因是公司商誉减值18亿元。要知道公司平均每年的利润也不过一两亿元，这相当于公司10年左右的利润消失殆尽！受此消息影响，2021年1月27日开盘公司股价就大跌了20%。一大群持股者原本就被套牢很久，当天又大跌20%，这对于持股者的投资收益而言，简直是雪上加霜。

其实，A股上市公司发生商誉减值的事情数不胜数。例如，2016年勤上股份商誉减值4.2亿元，直接导致勤上股份由盈利转为亏损，连续的跌停导致勤上股份实控人的质押股份触及平仓线。

2017年巴士在线在三季报中披露，2017年度净利润为1.64亿~2.1亿元。不过，其在2018年公布的业绩修正就变为——公司预计2017年净利润将亏损15亿元以上！这也是由于巨大的商誉减值造成的。

由于A股市场近几年上市公司并购案越来越多，市场的商誉总市值已达1.5万亿元！每年都有不少上市公司商誉减值导致业绩"爆雷"，进而股价大跌导致亏损累累的投资者不计其数。

有的投资者可能还不太清楚什么是"商誉"。并购是产生商誉的前提条件。例如，王老五要卖掉自己的水泥厂，他的水泥厂当前的市场公允价值是5 000万元。但是别人想买下来，就需要谈判了，具体出价多少就很难说了。老张非常看好王老五的水泥厂，愿意出高价1.2亿元买下来，比市场公允价值高了7 000万元。这高出来的7 000万元挂在老张公司的资产负债表的"商誉"上，记为商誉7 000万元。

也就是说，商誉是在并购时高出市场公允价值的那部分对价，就是我们在并购其他公司时多花钱了，这笔多花的钱要以"商誉"的形式记录下来。

刚才说的力源信息在前几年看中了三家科技公司，并以高于当时公允价值共20多亿元的价格并购了这三家公司，因此，在公司的财务报表上就会显示为20多亿元的商誉。

像力源信息这样以高于公允价值很多的价格并购其他公司的上市公司不少。例如，有的公司并购某影视天王巨星注册的一家公司花了2亿元，有的公司并购一家连年亏损、净资产近于0的公司花了8亿元。在并购市场上以什么价格进行并购是一件你情我愿的事情，并没有相关法律、法规进行规范。

有人会问：为什么上市公司愿意出高于市场合理价格很多的钱来并购公司呢？上市公司没有想过出价过高，容易导致自己得不偿失吗？

上市公司也不傻，当然想过，愿意出高价的主要原因当然是看好并购目标。被并购方当然要大力描绘公司的前景大好、自己的公司很有赚钱能力、在业内品牌效应强等，并承诺未来的利润，以表示公司物有所值。上市公司进行并购为了防止看走眼，一般会签署一份对赌协议，比如并购后第一年需要达到多少利润，第二年需要达到多少利润，第三年需要达到多少利润，如果达不到盈利目标，那么你方需要给我方补偿多少钱。

但签署对赌协议只是降低了上市公司并购的小部分风险，并没有真正地解除上市公司并购的隐患。就像你买一串葡萄前，卖家允许你免费品尝几粒，等到葡萄买回来后，如果发现不好吃，那么你前面免费品尝的那几粒葡萄又能补回多少损失呢？

当并购发生以后，当被并购方的业绩承诺无法兑现或承诺期满后盈利无法持续时，根据企业会计准则的规定，公司必须对企业合并所形成的商誉在每年年末进行减值测试。

这个商誉减值测试太重要了。

（1）每年都要进行减值测试，只要有一年测试结果不达标，上市公司就可能会进行商誉减值，直接影响当年的利润。也就是说，财务报表上有商誉的公司，每年都有商誉减值的风险。

（2）永久的商誉减值压力。即使被并购公司完成对赌期的业绩承诺，甚至多年来为公司赚了很多钱，远超当时购买时多花的商誉价格，但是商誉依然高悬在财务报表上，未来依然存在减值压力。根据当前的会计准则，商誉是不允许摊销的。即使并购已发生几十年，只要公司未来业绩不好，依然需要进行商誉减值测试，依然会影响当年的业绩。

"商誉"在哪里看？如果投资者要在上市公司的年报中查找商誉，就需要到资产负债表中的"非流动资产"里去寻找，如果有商誉就说明该公司进行过并购。图3-20所示为上市公司华测检测资产负债表中的商誉。

1. 合并资产负债表

编制单位：华测检测认证集团股份有限公司

2019年12月31日

单位：元

项目	2019年12月31日	2018年12月31日
流动资产：		
货币资金	507,068,508.11	807,978,236.57
结算备付金		
拆出资金		
交易性金融资产	555,903,309.16	
以公允价值计量且其变动计入		
当期损益的金融资产		
衍生金融资产		
应收票据	13,064,427.95	5,035,771.73
应收账款	744,630,069.58	503,895,516.73
应收款项融资		
预付款项	35,807,681.77	38,605,612.57
应收保费		
应收分保账款		
应收分保合同准备金		
其他应收款	43,307,743.83	36,171,503.60
其中：应收利息		925,692.20
应收股利	480,000.00	
买入返售金融资产		
存货	19,880,920.66	14,760,152.01
合同资产		
持有待售资产		
一年内到期的非流动资产		486,416.22
其他流动资产	321,961,292.15	540,916,381.58
流动资产合计	2,241,623,953.21	1,947,849,591.01
非流动资产：		
发放贷款和垫款		
债权投资		
可供出售金融资产		31,000,000.00
其他债权投资		
持有至到期投资		
长期应收款		1,281,179.71
长期股权投资	105,752,802.31	98,698,088.28
其他权益工具投资		
其他非流动金融资产	30,212,344.64	
投资性房地产	35,017,442.03	36,252,165.58
固定资产	1,276,280,965.46	1,152,792,587.53
在建工程	116,978,198.58	220,913,833.90
生产性生物资产		
油气资产		
使用权资产		
无形资产	150,998,028.15	143,634,737.27
开发支出		
商誉	162,547,650.79	171,427,946.15
长期待摊费用	164,412,786.51	184,664,312.27
递延所得税资产	45,511,252.61	26,856,434.75

图3-20　华测检测资产负债表中的商誉

如果投资者用手机行情软件来查找商誉，则一般是在公司"财务"→"财务报表"→"资产负债表"中。我认为，普通投资者对于财务报表上有商誉的公司应当敬而远之，除非你能断定这笔并购肯定是一门好生意，肯定能赚大钱。因为根据国外统计，上市公司有七成的并购都是失败的，由此产生的商誉减值引发的上市公司业绩亏损是大概率事件。

而且商誉容易被不良上市公司进行操控实现利益输送，损害投资者利益。例如，一家净资产为负值的公司被某上市公司花20亿元买下。投资者怎么知道某上市公司和这家净资产为负值的公司背地里有没有达成什么交易？

并购成功后，上市公司业绩大增，因而股价大涨，这时上市公司大股东、高管层拼命减持，不久上市公司宣布商誉减值，股价大跌，套牢无数散户。那么，这是偶然还是预谋？投资者持有商誉很高的上市公司的股票，就等于进入了商业并购的旋涡中，随时都会面临商誉减值引发业绩暴亏、股价大跌的风险。

3.3 年报分析和调研

阅读年报的目的是分析企业的发展前景，投资者如何进行年报分析和实地调研非常重要，它是价值投资者进行价值投资的必修课。

3.3.1 年报分析研究的范围

年报分析既要有范围，也要有重点，但大多数投资者打开年报后常常不知道从何处入手，正确的入手点有以下七个方面。

1. 公司概况：包括历史沿革、组织架构、主要股东情况等

研究公司的发展历史对于投资者了解公司的基本面非常重要。比如一家生产硅片的公司的前身是生产硅片加工设备等专业数控机床的公司，投资者就可以知道公司当前的生产和经营极可能是有成本优势的——公司用自家生产的机床设备来制造硅片大概率会具有成本和制造优势。

研究公司的组织架构可以知道公司的实际控制人是谁，这有利于投资者对公司的经营有更深的认识。另外，公司主要股东有哪些、股东实力如何、与其他公司有无关联等，投资者也需要了解。

2. 企业员工：主要包括高级管理人员的履历、收入、有无期权或股权激励、员工人数及研发、销售人员比例等

通过了解这些高管和普通员工的情况，投资者能对企业有一个更加立体的认识。上市公司的管理和运营都是通过管理层和员工来完成的，投资者最好对上市公司的管理层和员工有较为充分的了解，这样才能做好价值投资。

例如，一家公司没有股权激励，高管也没有任何股权，那么投资者可以怀疑这家公司的管理是否较为保守，高管有无可能工作消极。又如，一家医药公司的董事长和总经理在几十年前就是药厂的研究员，那么投资者可以猜测当前这家公司可能较为注重研发。是否如此，投资者需要查看其他的资料来进行印证。再如，一家上市公司的年报显示其研发人员仅有2～3人，绝大多数员工都是销售和行政性质的，那么投资者完全可以对这家公司的研发能力表示怀疑。

3. 产品：包括公司主要产品、产销情况、核心技术及最新研发动态等

公司的产品是投资者进行年报分析和实地调研的重中之重。围绕产品的相关情况，投资者最好尽可能地全面掌握。

4. 行业：包括公司所属行业的动态、产业政策、竞争对手、上下游情况、行业内市场占有率等

在了解公司前，必须研究公司所在的行业状况，这样才能对公司的实力和发展前景有一个真正的了解和判断。要阅读行业研究报告，了解行业过去的历史及未来可能的发展方向。另外，行业上下游产业链的竞争情况、行业是否受政策影响、当前行业里哪些企业占据主导地位、当前行业的主流技术是什么等，都是投资者需要分析和了解的。

5. 战略：包括经营理念、长期发展战略、未来经营目标等

炒股就是炒未来，关系公司未来的是公司的发展战略。投资者要分析公司的发展战略是否切实可行、当前是否较好地落实了公司的发展战略、公司的未来经营目标是什么等。例如，有的上市公司原本的主业是生产户外服装，但近年来它在年报中提及了要大力发展旅游业的战略。作为投资者就要分析公司发展旅游业是否切实可行，失败的风险有多大。

又如，有的上市公司未来三年的经营目标提及要实现百亿元甚至千亿元营业收入，作为投资者需要独立思考，严密分析一下它有无实现这个目标的可能性。否则，盲目相信年报还不如不看年报。

6. 财务分析：包括盈利能力、偿债能力、运营能力等的分析

对于上市公司年报里的财务报表，投资者不仅要通过财务数据分析公司自身的经营和财务状况，还要通过与同行业业务性质相近的公司的财务数据进行对比，发现公司的优势和不足。

7. 风险分析：包括并购、重大合同、政策、诉讼、财务等风险

研究公司潜在的风险对于投资者而言非常重要。例如，有的上市公司当前有重大诉讼官司，投资者需要评估诉讼对公司经营的影响有多大；有的上市公司受当前国家政策的影响，导致公司业绩严重下滑，投资者需要分析这种影响是短期的还是长期的，以决定是否对这家公司进行投资。

3.3.2 年报分析的方法

投资者分析年报应从以下几个方面入手。

1. 分析同行业其他公司和上下游产业链

投资者分析一家公司，不能局限于研究这家公司本身，必须研究整个行业甚至行业的上下游产业链，以及这家公司在整个行业中有无品牌效应、规模优势、技术壁垒等。

例如，价值投资者研究比亚迪这只股票，实质就是研究比亚迪这家上市公司的实际经营情况，包括公司的盈利模式、它的竞争对手有哪些、上游有哪些行业和公司、公司在产业链中处于何种地位、公司与同行业竞争对手的差异点在哪里、公司有何竞争优势、成本和销售受哪些因素影响等。投资者研究的并不只是比亚迪公司，而是整个新能源汽车产业链。

以新能源汽车行业为例，可以看出上游行业里与电解液、正极材料、负极材料相关的公司实际上在整个产业链中的位置更好，这些公司可能业绩更稳定、竞争压力更小。上市公司天赐材料、新宙邦、长园集团的主营业务就是生产电解液。

新能源汽车的中下游企业就是生产电池的公司。宁德时代、国轩高科、比亚迪等未来会处于激烈的竞争中。整车生产企业里有实力的公司未来也必然会自己生产电池，可以想见，未来生产电池的公司只能越来越多，这样发展下去，必然会抢占宁德时代、国轩高科这样的电池企业的市场份额。因此，生产电解液、正极材料这样的公司更值得投资者花费时间研究。

对任何一家公司的研究都离不开对其行业竞争对手及上下游产业链的全面分析。分析一份年报是远远不够的，对同行业的主要竞争对手及上下游产业链的主要公司的年报都应当认真阅读和分析，这样，投资者就需要阅读行业研究报告，以及横向、纵向地分析多家上市公司的年报。

2. 了解公司的历史业绩表现

分析上市公司过往的业绩表现对于投资者研究上市公司是非常重要的。很多优秀的公司都是久经考验的，这些有着悠久的经营历史和长期良好业绩的公司一般都是投资中更加可靠的标的。岁月已经帮投资者筛选出不少优秀的公司，特别是那些行业龙头公司，它们大多有着几十年甚至上百年的优秀经营历史，它们在未来继续保持优良业绩的概率较大。

投资者在分析一家上市公司时，必须找到其过去几年甚至10年的年报，对公司的历史业绩以及一些资产、投资项目的变化要做到心中有数。

投资者可以关注公司的管理层在过去的岁月里提出的规划目标最终是否实现，从而了解公司管理层的执行力情况。通过公司的历史业绩表现和与同行业的横向对比，投资者可能会得知行业多年来的兴衰，有利于投资者了解公司和行业。

反过来，如果一家公司在10年里有7年经营亏损，那么这家公司有可能存在问题，投资者很难看好它。公司年报里的历史内容和数据对于投资者分析公司的经营历史、了解企业文化、判断公司管理层的执行能力有着非常重要的参考价值。

3. 了解公司的盈利模式

生意无论大小，无论是卖茶蛋还是卖飞机，都有自己的赚钱之道。上市公司也是如此，每家上市公司都有自己相应的盈利模式。

投资者阅读上市公司的年报，第一眼要看的就是这家公司的赚钱模式或者说盈利模式。只有看透公司的盈利模式，投资者才有可能掌握在这家公司股票投资上的"投资窍门"。了解上市公司的盈利模式在投资分析中的重大意义如下。

一是盈利模式往往决定着上市公司经营的优势和劣势。

以中石油为例，它的盈利模式很简单，就是卖石油。由于它本身拥有大量的油井，因此，国际油价的高低会对它的业绩产生重要影响。投资者只需通过当前的国际油价及其未来的发展趋势就可以大概知道中石油当年的业绩。例如，某年1—3月国际油价反弹到70美元/桶以上。投资者不用等中石油一季报的公开数据，就可以确定它第一季度业绩良好。因为中石油的售油成本是50美元/桶左右，70美元/桶的国际油价对于中石油来说绝对是赚钱的。

以医药行业为例，有的上市公司的盈利模式是以生产维生素产品为主。只要国际上维生素产品价格低迷，公司业绩就会低迷；国际上维生素产品价格大涨, 公司业绩就会大涨, 从而引发公司股价大涨。只要投资者盯紧和预判国际上维生素产品的价格, 就可以赚到这家上市公司股票行情的钱。

以养猪行业为例, 养猪行业的盈利模式决定了其行业的周期性。2021 年冬天, 养猪行业陷入低谷, 猪企业绩全线亏损。这时投资养猪类上市公司股票, 才能买在较低的价格。

同一行业不同的上市公司的盈利模式也不尽相同。以新能源汽车行业为例, 同样是生产电动汽车, 比亚迪和其他汽车公司的盈利模式就有所不同。通过年报分析会发现, 比亚迪生产电动汽车的主要技术都是比亚迪自己独立研发的, 而其他汽车公司自己的专利技术占比很小, 有的甚至完全没有独有技术。可见, 比亚迪在盈利模式上更具成本优势和技术优势, 当未来行业开打价格战时, 比亚迪会更有胜算。

又如在坚果行业里面, 有的上市公司是全产业链经营, 自己种植坚果, 同时自己加工和销售, 有的上市公司则只负责设计和销售。很显然, 这两类公司的盈利模式有较大的不同, 它们在经营上有各自的优点和不足。

二是盈利模式决定着公司的未来成长空间。

以啤酒行业为例, 以前的啤酒行业上市公司的盈利模式是主打低价和产量, 以销售量占据市场份额。这种盈利模式使得绝大多数啤酒公司更注重跑马圈地, 由此带来的问题是发展到一定阶段后公司的经营就会陷入瓶颈。近几年啤酒行业上市公司的盈利模式开始发生变化, 它们开始注重生产和销售高端啤酒, 有的啤酒品种的单瓶价格达到千元以上, 这使得公司产品的毛利率大幅增长, 有效地打开了公司的未来成长空间。

4. 分析公司的经营战略及实施效果

在上市公司的年报里会提及上市公司的经营战略, 投资者需要通过财务报表分析其经营战略在历史上的成效及未来实施的可行性。主要的财报分析数据包括营业收入、毛利率、净利润率、ROE 等财务指标, 投资者必须关注这些数据以分析公司的经营战略及实施效果，以尽量达到对公司发展前景的正确判断。

有的公司实行的是差异化经营战略，这样的经营战略必须保持高毛利率、高净利润率的趋势。高毛利率、高净利润率保持多年的坚挺向上是公司的差异化经营战略实施较为成功的表现。公司的产品实力、品牌效应、营销渠道等使公司的差异化经营战略得以有效实施并在财务数据上表现出来。

有的公司采用的是成本领先战略，即行业内产品同质化，每家公司都没有太大的毛利率，但是公司具有低成本优势。公司的成本做到行业最低或较低，这样公司就具有毛利率优势，拥有降价的主动权，表现为和同行业公司在同种产品的经营销售上，公司由于成本较低而产品售价相对较低，具有更高的营业收入或市场份额，这样公司就能在经营上具有市场份额优势。虽然这时公司在财务数据上表现为低毛利率，但是它拥有不断增长的、相对同行业其他公司比较高的营业收入，这才是一家成本领先战略实施较为成功的好公司。

如果在公司的财务报表中显示毛利率与同行业相比没有优势，且近年来营业收入不断缩小或应收账款越来越多，则说明公司的经营战略是失败的，既没有实现差异化战略，也没有做到成本领先。

5. 了解公司的主营产品

年报分析的核心之一是分析公司主营产品的相关内容，公司的主打产品是年报分析的重中之重，一般包括以下几个步骤。

一是通过年报和各种公开资料确定公司的主营产品。

上市公司年报里显示营业收入和营业利润占比排名前三的产品一般都是公司的主营产品，排名第一的产品更是公司经营的重中之重。下面以沃森生物2020年的年报为例，对公司的主营产品进行分析。从年报里的产品营收比例简表中可以看到，沃森生物2020年营收占比最大的产品是13价肺炎疫苗，占2020年营业收入的56%以上，如图3-21所示。

	2020 年		2019 年		同比增减
	金额（单位：美元）	占营业收入比重	金额	占营业收入比重	
营业收入合计	2,939,021,219.05	100%	1,121,220,288.78	100%	162.13%
分行业					
自主疫苗	2,893,900,866.30	98.46%	1,094,202,583.81	97.59%	164.48%
中间产品收入	32,417,133.28	1.10%	6,920,947.30	0.62%	368.39%
技术服务	1,080,174.11	0.04%	7,330,009.37	0.65%	-85.26%
其他业务收入	11,623,045.36	0.40%	12,766,748.30	1.14%	-8.96%
分产品					
13 价肺炎球菌多糖结合疫苗	1,658,457,453.89	56.42%			
23 价肺炎球菌多糖疫苗	688,020,384.66	23.40%	520,654,334.72	46.44%	32.15%
b 型流感嗜血杆菌结合疫苗	202,421,567.69	6.89%	275,808,672.48	24.60%	-26.61%
冻干 AC 疫苗群脑膜炎球菌多糖结合疫苗	116,851,363.55	3.98%	66,608,670.29	5.94%	75.43%
A 群 C 群脑膜炎球菌多糖疫苗	96,597,992.10	3.29%	93,438,906.15	8.33%	3.38%
ACYW135 群脑膜炎球菌多糖疫苗	91,389,284.99	3.11%	105,596,974.40	9.42%	-13.45%
吸附无细胞百白破联合疫苗	40,162,819.42	1.37%	32,095,025.77	2.86%	25.14%
中间产品收入	32,417,133.28	1.10%	6,920,947.30	0.62%	368.39%

图3-21　沃森生物2020年产品营收比例

因此，可以确定沃森生物的主打产品是13价肺炎疫苗，其次是23价肺炎疫苗，其他一些产品虽然种类众多，但当前对公司的利润影响相对较小。

二是了解相关产品的基本常识。

既然知道了沃森生物的主打产品是13价肺炎疫苗，就要懂得"什么是13价肺炎疫苗"。可以通过网络平台搜索。

通过网络平台搜索"13价肺炎疫苗"的相关知识后还可以得知，13价肺炎疫苗近20年来一直是全球医药巨头辉瑞公司所独有的，沃森生物打破了它的垄断，开始侵蚀它的市场空间。沃森生物的13价肺炎疫苗的性能与辉瑞的相似，但价格要略低于辉瑞的产品价格100元左右。

13价肺炎疫苗是当前世界上销售最火爆的十大疫苗之一，是全球疫苗的主力品种。图3-22所示为沃森生物年报上披露的2020年全球疫苗销量排行榜。

排名	疫苗	企业	销售额（亿美元）
1	13价肺炎球菌多糖结合疫苗	辉瑞	58.5
2	重组人乳头瘤病毒疫苗	默沙东	39.4
3	流感疫苗	赛诺菲	30.4
4	DTaP-Hib-IPV五联疫苗	赛诺菲	25.9
5	重组带状疱疹疫苗	GSK	25.7
6	麻腮风/麻腮风-水痘疫苗	默沙东	18.8
7	23价肺炎球菌多糖疫苗	默沙东	10.9
8	流感疫苗	GSK	9.5
9	B群脑膜炎球菌疫苗	GSK	8.4
10	婴幼儿联合疫苗	GSK	8.1

图3-22　沃森生物年报上披露的2020年全球疫苗销量排行榜

可以说沃森生物从2020年4月开始进入了一个新的时代，拥有了自己王炸级别的产品。

三是要了解公司产品的功效及行业地位。

为什么13价肺炎疫苗在全球销售如此火爆？投资者需要了解这个疫苗的功效。通过网络平台搜索可以得知，因为婴幼儿的免疫力较低，肺炎是造成婴幼儿死亡的重大疾病之一，及时注射13价肺炎疫苗可以使婴幼儿的死亡率降低90%以上。

投资者还需要了解这个疫苗在医疗应用上的价格，以此来推算它的产品定位及利润大小。通过查阅相关医学网站或书籍得到以下结果：

"需要注射3～4针，每针的费用在1 000元左右，加上医院的服务费，总计费用在4 000元左右。"

然后回到公司年报上来寻找公司主打产品的毛利率，如图3-23所示，年报显示公司在13价肺炎疫苗上的毛利率非常高，可以与贵州茅台的毛利率争雄。成本只有几十元的疫苗，在市面上可以卖到近千元！

	营业收入 （单位：美元）	营业成本 （单位：美元）	毛利率	营业收入比上年 同期增减	营业成本比上年 同期增减	毛利率比上年同 期增减
分行业						
自主疫苗	2,893,900,866.30	375,946,544.51	87.01%	164.48%	91.49%	4.95%
分产品						
13 价肺炎球菌多 糖结合疫苗	1,658,457,453.89	94,244,875.90	94.32%			
23 价肺炎球菌多 糖疫苗	688,020,384.66	75,509,816.92	89.03%	32.15%	100.71%	-3.74%

图3-23　沃森生物年报上披露的主营产品的毛利率

很多朋友会担心13价肺炎疫苗是否会被国家集中采购而不得不降价，这无须多虑，因为在公司的官方网站上介绍13价肺炎疫苗已被国家划定为二类疫苗。

投资者大多是医药外行，需要学习"什么是二类疫苗"这类基础的医药常识。

通过网上的学习，投资者可以知道疫苗分为两种。

（1）一类疫苗：就是国家要求居民必须注射的疫苗，是国家报销费用，用于免费防疫的疫苗品种。

（2）二类疫苗：就是居民自愿、自费注射的疫苗。沃森生物生产的疫苗绝大多数属于二类疫苗。

投资者在了解这些常识以后，对公司产品被集中采购的顾虑就打消了。

四是要了解公司主打产品的发展前景。

一般来说，在上市公司的年报里都会描述本公司产品的发展前景。沃森生物也不例外，在其年报中详细介绍了本公司13价肺炎疫苗的发展前景：

"我国的13价肺炎疫苗普及率很低。原来的普及率只有8%，经过去年沃森的大力推广，现在我国的13价肺炎疫苗接种率也不到20%，远低于全球50%的接种率和欧美发达国家90%的接种率。"

可见沃森生物推出的拳头产品——13价肺炎疫苗的发展空间十分广阔，

而且公司已经开始向国外销售13价肺炎疫苗，已经打开了进军全球疫苗市场的大门。

年报显示沃森生物是目前全球唯一同时拥有13价和23价肺炎疫苗的公司。公司的23价肺炎疫苗已销售至全球15个国家和地区，对这款产品的分析步骤和对13价肺炎疫苗的分析步骤是完全一样的。

五是要了解公司在未来将要推出的新产品或新项目。

公司在未来将要推出的新产品或新项目决定着公司的发展后劲，一般在年报中都会有适当的描述。

沃森生物2020年的年报显示，公司不仅有这两大主力疫苗品种，在未来几年还有疫苗新品不断上市，这些新品都是当今需求较为旺盛的产品，如图3-24所示。

2020年，按疫苗批签发货值计算，我国前十大疫苗品种如下：

排名	产品名称	批签发货值（亿元）
1	13价肺炎结合疫苗	69.7
2	九价HPV疫苗	65.7
3	四价HPV疫苗	57.6
4	四价流感病毒裂解疫苗	42.8
5	水痘减毒活疫苗	41.0
6	Sabin株脊髓灰质炎灭活疫苗	40.1
7	吸附无细胞百白破灭活脊髓灰质炎和b型流感嗜血杆菌（结合）联合疫苗	37.7
8	冻干人用狂犬病疫苗	35.2
9	23价肺炎球菌多糖疫苗	32.6
10	重组带状疱疹疫苗	26.4

图3-24 沃森生物年报上披露的主要产品

公司的产品具有独特的技术优势，在未来的国际市场上也能占有一席之地。公司研发的疫苗有效期是一年一次，而且易于储存运输，生产成本低，具有较强的技术优势。

投资者在年报上通过围绕公司产品的分析可以发现公司的研发实力还是很强的，公司具有核心竞争力，且产品正在实行进口替代，随着我国经济的发展，大众的医疗需求不断提高，公司的发展前景充满希望。

上面主要从公司的产品方面进行了分析，目的是告诉大家在研究一家公司时必须研究它的产品。只看公司财务报表而不看其产品的股票投资是盲目的，研究公司产品是价值投资必不可少的重要环节。

在投资中投资者不但要看公司产品的竞争力，还要计算公司未来可能的市场份额。例如，要想研究沃森生物的估值，就要计算未来每年有多少新生儿、接种率大概是多少、公司的产品价格趋势、公司未来的竞争对手有哪些、公司大概会占据多少市场份额、公司在未来几年大概能有多少盈利等。

3.3.3　调　　研

投资者不仅要对年报进行分析，还要从其他渠道对上市公司的基本面进行调查和研究。调研是投资者进行价值投资不可缺少的、重要的手段。

1. 调研的分类

调研主要包括线上部分和线下部分。

（1）线上部分：比如研究乳制品，可以在相关电商平台上寻找销售数据，分析电商平台上消费者的好评和差评；还可以在线购买行业机构统计的经营数据，或者查阅公司官方网站、进入行业群、加销售员或业务员为好友等。

有不少财经网络平台会提供上市公司或行业的每月经营数据及历史发展经历、高管过往言论等，还会有大量的文章可供参考。例如，如果要研究养猪行业的公司，就要到相关养殖行业的平台网站上查看当天和历史的全国猪肉价格，还要在网络上寻找养猪行业发展的相关文章。有很多深入的行业报告都是需要付费的，价格大多较高，普通投资者大多很难接受。在网络上也有不少免费的相关数据，但大多需要我们自己动手进行归纳和整理。

（2）线下部分：比如切身体验公司产品、走访营业网点和渠道、与销售员和业务员当面交谈、访问消费者等。去线下调研不等于非要去上市公司走访，投资者可以去它的经销渠道，比如4S店、超市、专场店等观察和获取数据，可以和营业员或业务员聊几句，拿到他们的联系方式，甚至交个朋友。有些产品的数据甚至可以到垃圾桶里去寻找，看看里面什么牌子的包装物较多。

我在研究伊利股份时就多次去各大超市看其产品的摆放位置和销售情况，在研究海信电器时就买了一台电视机回家看，在研究洽洽食品时就购买了数千元的各类坚果食品，在研究长百集团和秋林集团时就到长春和哈尔滨体验其商场的购物环境。

为了研究长安汽车这家上市公司，我多次试驾长安的最新车型，并多次与在长安4S店工作的朋友交流以了解销售情况，这样才能对长安汽车的产品有切身体会，才能对公司进行客观的估值。

没有亲身做过相关的调研、没有这个行业的工作经验、没有体验过公司的产品，只看过相关公司的年报和研报，这样的股票投资容易沦为纸上谈兵。

2. 怎样调研一家上市公司的产品

调研公司的产品是研究上市公司的重中之重，是价值投资者绕不开的关口。

2018年，我在网络上看到一篇文章提及海尔智家的经营费用如何之大，得出公司发展前景暗淡等结论。我当时就对文章的内容提出异议——为什么通篇文章没有谈论公司的产品现状，而只从财务数据上进行分析？公司的新产品卡萨帝系列近两年产销两旺，是国内家电高端领域的先行者，为什么不谈？我当时就指出，只看财务数据而不看公司的产品就是纸上谈兵。

当时我的异议引来作者的强烈不满，转眼四五年过去了，事实证明了一切，海尔智家的业绩大幅增长，股价比当时上涨了一倍多。

上市公司的产品和服务才是公司发展的原动力，投资者研究财务数据是不能脱离公司的产品的。如果投资者对公司的产品一问三不知，又如何敢说真正的了解公司呢？

如果公司的产品和服务很好，即使当前的财报数据很差，未来也有可能会业绩大增，财报数据转好。反之，当前的财报数据很亮眼，如果公司的产品和服务出现了问题，那么不久公司可能就会陷入困境甚至倒闭。

在研究一家汽车行业的公司时,投资者要知道公司主打产品的价格、产品的寿命、适合人群、上市时间、产品毛利率、同行业有无类似车型及它们的销售情况、产品的未来市场份额等信息。在研究一家乳制品公司的奶酪产品时,需要知道产品的价格、重量、口味,主要针对哪些消费人群,是何时上市的,产品毛利率如何,国内外同类产品的厂家、公司占有多大的市场份额,有多少经销商及其布局,经销商的销售和库存情况,产品的发展前景等信息。

调研上市公司的产品就是要从多个角度对产品进行横向、纵向的调查和研究,尽量掌握较为全面的信息,最好能切身体验公司的产品与服务,这样才可能对公司的产品有一个正确的认知。

3.4　如何正确地给股票估值

估值在股票投资中具有重要意义,估值简单来说就是学会给上市公司"定价"。

3.4.1　股票估值的思路

对股票进行估值与其说是一种方法,不如说是一种思路。世界上对股票进行估值的方法有很多种,但是估值思路只有两种。

1. 绝对估值思路

绝对估值思路很简单,直接称量一家上市公司的分量,最简单的方法是直接计算上市公司的净资产。一家公司的净资产是1亿元,那么可以认为这家公司的估值是1亿元。如果现在的股票市值只有8 000万元,那么可以认为该股票被低估了。

绝对估值思路里最具代表性的估值方法就是自由现金流贴现模型,它的思路就是先计算这家公司在存续期内一共能赚多少钱,然后把这些钱折算到当前看一下价值多少钱，计算出来的这个金额如果高于当前的股票市值，就可以认为当前股票被低估了。

从理论上讲，自由现金流贴现模型是最好的估值方法，因为它从本质上对公司各个发展阶段的盈利进行了估算，最贴合公司的真实发展情况。每家公司都有自己的成长、成熟、衰落阶段，自由现金流贴现模型把每个阶段公司所获得的现金都计算在内，最后得出的估值在理论上是最完美的。

但这只是理论上可行，在实际计算时会出现很多问题。因为在几十年的运营过程中，公司的基本面可能会发生巨大变化，公司每年的自由现金流是很难估算准确的。每年估算的数值有一点偏差，几十年累计下来的误差就是巨大的。

实际上，这种估值方法只是一个很好的估值思路，在绝大多数情况下都无法真正落地应用。特别是对高科技行业这类风险较大、业绩不稳定的公司和行业，自由现金流贴现模型是根本无从入手的。自由现金流贴现模型只适合对业绩和现金流非常稳定的上市公司进行估值计算，比如对工商银行、长江电力、贵州茅台等现金流充裕、业绩非常稳定的公司进行估值计算。

在实际的股票投资中，这种估值方法在绝大多数情况下用来对公司的估值进行模糊的估算，也就是巴菲特所说的"模糊的正确"。例如，一家生产数控系统的上市公司的市值只有30亿元，当年的扣非净利润为负值，当时我判断这家公司的股票可能被低估了，因为这家公司拥有自己的核心专利技术，并且已经达到国际一流水平，在管理层务实肯干、国家政策大力扶持的背景下，公司未来几十年的自由现金流贴现的结果大概率会超过30亿元。不用进行估值计算，定性思考一下就可以知道公司股票有被低估的可能。

2. 相对估值思路

相对估值的估值侧重点不在于上市公司自身到底值多少钱，而在于和同类型公司相比或与历史时期相比自己当前处于什么位置。

还是上面那个净资产的例子，如果另一家公司的净资产也是1亿元，但是当前的市值只有7 000万元，那么投资者在选股时当然会选择这家市值更低的公司，而不会选择市值8 000万元的公司，因为市值7 000万元的这家公司股票更被低估。

在相对估值的计算中，最常用的是市盈率估值方法。

普通投资者在进行估值时最好使用市盈率估值这种相对估值方法，把一只股票当前的市盈率同自己历史上的市盈率相比较，是最简单、最实用的估值手段。

例如，一家消费行业公司的股票在过去20年里，它的市盈率一直在30～60倍震荡。投资者在其处于历史上相对较低的30倍市盈率以下时买入，在其处于历史上相对较高的60倍市盈率以上时卖出，就可以克服自己追涨杀跌的本能冲动，做到有一定合理性依据的高抛低吸。

总之，无论是绝对估值方法还是相对估值方法都只是一种参考工具，或者说都只是一种"术"，仅使用这些工具是无法长久稳定地在股市里赚到钱的。这些估值方法的使用必须建立在"对公司真正了解"的基础上。如果不了解公司的基本面变化，那么，即使当时投资者计算出来的市盈率再低，最后也会因公司基本面恶化而价值毁灭，股价不断下跌，甚至公司破产归零。"了解公司基本面，看懂公司"是应用各种估值方法的根本，这才是估值的"道"。

投资者只有了解公司的基本面，看懂公司的盈利模式和核心竞争力，看清公司未来的成长性，才有可能对公司进行客观的估值。当投资者看清公司的真正基本面后，即使面对70倍市盈率的股票也可能会认为公司股票被"低估"，面对5倍市盈率的股票也可能会得出公司股票被"高估"的结论。

最后，我要强调一下，在股票投资中仅了解估值是无法最终实现盈利的，千万不要以为搞懂了估值就一定能赚到钱。估值是一种艺术，也就是说有一定的主观性，只要有"主观性"，就有可能看错公司、算错估值。这个世界变化太快，而人的认知又是有限的，在投资世界中必须进行分散投资和资金管理，它是投资者在股票投资里的最后一道防护网。

3.4.2　常用的估值方法

当前金融市场上最常用的股票估值方法是PE估值法，即市盈率估值方法，其次是PB、PEG、ROE等估值指标。

1. 市盈率估值法

市盈率是股票投资进行估值最常用的指标，对于广大投资者而言最简单、实用的选股指标就是市盈率。市盈率也叫股价收益比率，它是分析股票估值高低最常用的方法，计算方法就是当前股价除以每股收益。

$$市盈率=股价÷每股收益$$

市盈率常见的计算方式有四种。

一是静态市盈率，在行情交易软件里静态市盈率的英文表示就是PE（静）。

$$静态市盈率=当前股价÷最新年报中的每股收益$$

以2020年3月为例，有的上市公司还没有公布2020年的年报，那么其股票的静态市盈率就是当前股价÷2019年年报中的每股收益。

已公布2020年年报的上市公司的股票，其股票的静态市盈率就是当前股价÷2020年年报中的每股收益。

例如，三一重工已经公布了2020年的年报，某日三一重工收盘时的股价是34.90元/股，它的静态市盈率是当天收盘价除以2020年年报中的每股收益：34.90元/股÷1.82元/股=19.18倍市盈率。

静态市盈率在大多数情况下反映的数值都较为过时，因为只要新一年的年报还没有公布，进行静态市盈率计算就只能用过往一年年报中的每股收益，由此得出的市盈率时常不能及时反映公司的最新估值状态。

二是动态市盈率，其计算公式为：

$$当前股价÷已知季度收益乘以相应的倍数$$

"已知季度收益乘以相应的倍数"是什么意思呢？例如，2021年第二季度一只股票的价格是40元/股，当前只知道第一季度的每股收益是1元，而投资者却想知道它在2021年的全年每股收益。可以假设第二、三、四季度的每股收益都与第一季度的每股收益相同，那么2021年的每股收益计算就需要用1元乘以4。

这样，它的动态市盈率就是：40元/股÷4元/股=10倍市盈率。

同理，如果知道半年报的每股收益，就可以假设下半年和上半年的每股收益相同，把当前半年的每股收益乘以2，即可得出假设的全年每股收益。

注意：动态市盈率在预估当年的每股收益时过于简单，它只是简单地假设上市公司每季度或每半年的每股收益相等，而实际上大多数公司的经营都具有季节性，有的公司冬天是全年的利润高峰期，有的公司夏天是公司经营的旺季，每个季节的每股收益相差极大。

所以，动态市盈率的实际应用在大多数情况下效果并不好，只对一些全年各时期经营利润平稳的公司有效。对于营收严重受季节影响的上市公司，使用动态市盈率进行计算的误差过大，失去了分析估值的真正意义。

三是滚动市盈率（TTM）。滚动市盈率的计算是将最近四个季度的每股收益累加，比如已经公布2021年一季报的上市公司，它的滚动市盈率的每股收益计算就用2021年第一季度的每股收益+2020年第四季的每股收益+2020年第三季的每股收益+2020年第二季度的每股收益。

滚动市盈率具有一定的投资参考性，是最贴近现实的市盈率计算方法。因为它用最新12个月的每股收益来参与市盈率的计算，准确度要高于静态市盈率和动态市盈率的准确度。没有公布本年度一季报的上市公司，它的滚动市盈率的每股收益计算就只能用去年四个季度的每股收益数值。

四是预估市盈率。预估市盈率对于投资者而言是有一定难度的，因为它需要投资者自己进行预估，绝大多数行情交易软件上没有"预估市盈率"的显示。

预估市盈率需要先预估当年的每股收益，一般是近半年来多家机构研报给出的每股收益预测值的平均数。还是以三一重工为例，2021年上半年多家机构对2021年它的最终每股收益进行了预测，最后这些机构的预测平均值为2021年的每股收益是2.18元。34.18元/股÷2.18元/股=15.68，这就是预估市盈率。

股票投资就是投资未来。投资者在2021年提前预估所关注的上市公司2022年的市盈率其实是非常重要的。但是，现实中预估市盈率的计算也常常会发生偏差，因为上市公司的经营活动会受到多种环境因素的影响，分析师也常常会误判。

尽管如此，我建议股民朋友最好还是采用预估市盈率来对股票进行估值，因为它更接近股票投资的本质。如果投资者缺少分析工具和投资能力，也很难查找到分析师的预测数据，那么采用滚动市盈率（TTM）对股票进行估值也是一个不错的选择。

2. PEG估值法

PEG估值法是价值投资者常用的一种估值方法，PEG中的PE是指市盈率，G是指未来的盈利能力。PEG指标也叫市盈增长比率，全称是"市盈率相对盈利增长速度"的比率。

$$PEG=PE÷盈利增长率$$

其中，盈利增长率是指明年或未来三年的盈利增长速度。这是一个预估值，因此，这个数值预估得越准确，PEG最后的数值就越正确。投资者可以依据上市公司以往的盈利增长速度来预估未来年份的盈利增长速度，也可以根据自己对上市公司的分析来预估明年或未来三年的盈利增长速度。PEG的提出者在当时是根据分析师的预估盈利增长速度来计算PEG的。对于这种方法而言，尽量把明年或未来三年企业的盈利增长速度估计得准确才是最重要的。在当前的现实投资中，投资者一般只会预估明年的盈利增长速度，因为预估未来三年的盈利增长速度难度太大了，很有可能会出错。

PEG法则认为，PEG的数值越小越好，也就是PEG<1，则股票有可能被低

估；PEG=1，则股票估值合理，股价不便宜也不贵；PEG＞1，则股票有可能被高估。

举例如下：

假设贵州茅台当前的市盈率是56倍，如果明年利润同比增长20%，那么PEG就是56÷20=2.8倍。这个PEG大于1，按照PEG法则，得出的判断是当前股票的估值较高。

假设三一重工当前的市盈率是21倍，如果明年利润同比增长20%，那么PEG得出的结果基本就是1，也就是说当前三一重工的估值较为合理，股价并不贵。

上面两个例子只是进行了一个理论化的计算。在实际的股票投资中，投资者并不能只依靠PEG来对股票进行估值，还要综合考虑产业政策、发展前景、盈利模式等因素。

因此，PEG在股票投资中的实际用处是仅适合对极端情况下的判断。比如PEG大于5或小于0.5，一般都可以不用考虑其他情况而直接认定为股票估值过高或过低。

例如，比亚迪的股价一度大涨至市盈率230倍以上，很显然这个估值从未来一两年来看太高了，只有连续几年盈利增长速度达到80%～100%才有可能支撑这么高的股价。但是，上市公司未来几年可能有这样的业绩增长速度吗？显然这是充满不确定性的。在这个时候，投资者通过PEG的衡量，是可以得出公司的股票在现阶段估值过高的结论的。

又如，一只股票明年的盈利增长速度很有可能达到30%，而当前它的市盈率只有15倍，那么它的PEG只有0.5。很显然，即使投资者不考虑公司的其他因素，这只股票也很有可能被低估了，至少买入这只股票的风险不大，未来一年投资亏损的概率较小。注意，PEG不适合用来分析钢铁、有色金属、煤炭这类周期性行业的股票，因为它们的业绩增长速度很难预测。

PEG的实质是对市盈率指标做了进一步的完善，使投资者在关注市盈率的同时不忘记关注企业的成长性。它的意思是以较低的估值（较低的市盈率）买入具有较高的成长性（盈利增长速度）的股票才是较为安全的股票投资方式。懂得运用PEG是对职业股民最起码的要求。股民如果连PEG都不懂，那么长期进行股票投资很难赚到钱。

3. 盈利模式估值法

对股票进行估值，很多朋友容易犯的一个错误就是仅从财务数据上来进行估值。例如，单纯根据市盈率、ROE、自由现金流贴现模型来计算股票的估值；还有一些专业的人会根据公司的各项财务指标综合打分，比如对毛利率、负债收益比、同比业绩增长速度等多个因素进行综合打分来得出最终的股票估值。

实际上，上面这些都是纸上谈兵式的估值，对一家公司进行估值怎么可以不考虑其盈利模式呢？

例如，两家公司的财务报表里的各项数据基本相同，一家公司是生产军工产品的，另一家公司是生产一线白酒的，它们的股票估值能一样吗？它们的盈利模式不一样，估值也会天差地别。

一线白酒类公司大多有产品的提价权，下游客户大多比较分散而且没有多少话语权，因此，白酒这种产品有较大的潜在利润增长空间；而军工行业的公司是没有多少产品提价权的，下游客户非常集中而且都是有话语权的实力大客户，生产军工产品的公司很难有太大的净利润率。

炒股票就是炒预期。很显然，白酒行业的盈利模式造成了它在下游客户面前的强势，它会有较大的毛利率，因此，它的未来盈利预期更好，应当有更高的估值。一线白酒和军工公司如果同样是30倍市盈率，那么一线白酒的估值就会相对显得较低，投资者就应选择投资一线白酒。

银行业和地产业为什么当前的估值不高，市盈率只有个位数？说到底是因为它们的盈利模式在当前的经济环境下不占优势。它们都是利用杠杆来赚钱的，也就是平常所说的借钱做生意。银行借储户的钱，地产借银行的钱。因此，在经济环境不好的背景下，投资者就会怀疑它们有大量借贷坏账，从而对它们的资产质量和赚钱能力表示怀疑，银行业和地产业的估值就比较低。

　　学习价值投资必须懂经营，要了解这些公司都是怎么赚钱的。投资者必须从经营者或老板的角度来思考，而不要以财会或审计人员的角度来分析公司。例如，对于工商银行、长江电力、贵州茅台这样业绩稳定、收入大多表现为现金的企业，就非常容易估算其几十年内的现金流。从理论上讲，这样的企业在任何价位买入都不会亏钱，赚钱只是早晚的事情。因为这样的企业存续时间非常长，能不断地产生利润，能几十年甚至上百年不断地分红，对它们进行长线投资赚钱的确定性很高。换句话说，就是投资那些处于行业垄断地位、盈利确定性高、现金流充沛的公司的股票是很容易赚到钱的。而对于那些盈利模式复杂的公司，比如高科技企业，进行估值就很困难，因为无法预测它们未来10年、20年能赚多少钱，也许它们能赚很多钱，也许10年后它们就破产了。巴菲特一般不买高科技企业的股票，因为看不懂它们的盈利模式，很难进行估值。

　　买入高科技企业的股票实质就是在做风险投资，一定要控制好仓位、管理好风险。

　　投资者在研究一家上市公司时要多提问题以了解它的盈利模式，比如：公司在行业里处于何种位置？行业是不是周期性行业？公司经营采用的是杠杆模式吗？公司的产品和同行相比同质化严重吗？公司的产品是可重复性消费的产品吗？公司有自主提价权吗？公司的经营是轻资产模式还是重资产模式？公司是全产业链经营吗？

3.4.3　如何判断股票是否被低估

　　大多数股民买股票亏损的重要原因都是不会运用市盈率来对自己持有的股票进行估值，投资者往往因为不懂市盈率的实战应用而买在股价的山顶或卖在股价的谷底。有一年，央视新闻采访一位国外的金融分析师，当时A股市场牛气冲天，主持人问他对A股的看法，他只说了一两句话，大概意思是当前A股平均市盈率达到70倍，这显然是不可能长期持续的。一个月后，A股开始大跌，牛市宣告结束。

当时，我就坐在电视机前看到了这一幕，这给我留下了深刻的印象，我第一次真正认识到市盈率的重要性，从此我开始深入地研究市盈率。市盈率是做什么用的呢？它是一把度量股票价格高低的尺子。有了市盈率，投资者就可以大概判断股票当前的价格是高了还是低了，其是否有投资价值。

比如贵州茅台股价是1 975元/股，除以它当年的每股收益32.8元，最后的结果就是60.2，我们就说贵州茅台当前的市盈率是60.2倍。它的意思就是，假设贵州茅台在未来很多年都保持每股收益32.8元的业绩不变，那么投资者以1 975元/股的价格买入，至少需要60年才能回本（假设每股收益全部分给投资者）。那么问题来了，以这个60年回本的成本价格投资贵州茅台是昂贵还是便宜呢？

市盈率高低的判定标准与市场的历史习惯有关。这就像现在剪一次头发花费15元，相当于10多个烧饼的价值，10年前剪一次头发花费5～10元，那时一个烧饼的价格是0.5元，依然相当于10多个烧饼的价值，这就是人们给"剪发"的一个历史性的习惯性估值。即剪一次头发，相当于10多个烧饼的价值区间。如果你剪一次头发相当于100个烧饼的价值，那么你的消费肯定超出了正常的价格，一定有特殊的原因。

股票的定价标准也是有历史习惯传承的，百年股市的发展最终形成了一个约定俗成的股票定价习惯。

银行、地产、建筑、电力、化工、煤炭等业绩增长速度慢、处于成熟期的行业一般10倍左右的市盈率较为合理。食品、饮料、服装、家电等消费行业的股票由于业绩增长速度较快，一般20倍左右的市盈率较为合理。绝大多数传统行业达到20多倍的市盈率才合理。半导体、人工智能、新能源等业绩增长速度很快的行业，一般认为30倍左右的市盈率较为合理。

另外，对于每个行业里的龙头企业，其市盈率要比行业平均值更高一些。因为行业龙头企业的业绩确定性更强，当然会更具投资价值。例如，地产行业的平均估值是10倍，那么地产龙头企业的市盈率是12倍就不算高，这是投资上的更高确定性所带来的市盈率溢价。

不同的股票市场，其定价习惯会略有不同。A股市场几十年来的股票定价较高，相比之下，港股和美股市场的股票定价就要略低一些。同一家公司，在A股市场上有30倍的市盈率，在港股市场上可能只有20倍的市盈率，在美股市场上可能会有24倍左右的市盈率。

对于每个行业里业绩增长速度更快的公司，投资者会给予更高的市盈率估值。例如，机械行业的平均市盈率是十几倍，但是一家公司多年业绩增长速度在20%以上，它的业绩增长速度高于行业平均值，理应得到更高的市盈率估值，它的股价应是20倍以上的市盈率估值才合理。在A股市场上交易的股民当然要以A股市场的定价习惯来进行交易，这就是入乡随俗。

总体来说，用市盈率来给股票估值的原则是根据行业习惯进行的，并且会根据市场利率、具体公司的业绩增长速度和市场发展前景等因素来进行估值的校正。

比如某医药公司，作为医药行业里的一家公司，按理说应该有30多倍的市盈率。但由于其是生产创新药的公司，再加上是行业龙头，所以可以给出40倍的市盈率。而实际上，这家医药公司多年来都保持在70倍以上的市盈率。这是因为A股市场上的交易者非常看好它，愿意高价投资这家公司的股票。这就像一般剪一次头发需要花费十几元或几十元，但是有些理发店的价格高达几百元却依然门庭若市，无非是因为人们看好这家理发店的理发水平而已，当然，这样的理发店是极少数的。医药行业里的股票大多数也就是30倍左右的市盈率，这才是市场的常态。

注意，上面所说的是在市场理性的状态下给予股票的市盈率。实际上，市场在大多数情况下都是情绪化的，时常会处于疯狂或恐惧当中，会给出一个远超合理市盈率的价格。市场的情绪化导致人们过高或过低地估计了行业的业绩增长速度，过度地看好或看坏上市公司的未来发展。在牛市里，投资者的投资情绪高涨，过度看好企业的未来发展，就会给出更高的价格购买股票。很多行业里的股票在牛市里容易出现过高的估值，比如医药股平时只有30多倍的市盈率，在牛市里就可能涨到六七十倍甚至上百倍的市盈率；半导体行业里的股票平时只有三四十倍的市盈率，在牛市里由于市场资金大量涌入造成股价暴涨，就有了上百倍的市盈率。

但这种过高的估值只能是暂时的，不可能成为常态。当投资者从狂热中恢复理性后就会进行抛售，过高的估值就会向着合理的常态化估值回归。

投资者要尽量以合理的或相对较低的行业市盈率来购买股票，这样才能够规避风险。2020年，我在20多倍市盈率以20多元/股的价格买入了福耀玻璃，最终在股价翻倍达到45元/股以后卖出。我卖出这只股票最重要的原因就是当时的市盈率已经涨到50多倍。传统行业20多倍的市盈率才是正常的，50多倍的市盈率可能已经透支了未来多年的业绩预期。当我以50多元/股的成本投资比亚迪的股票时，比亚迪的市盈率只有四五十倍。比亚迪属于高科技行业，市盈率在四五十倍不算很离谱。在比亚迪的股价涨到200多元/股时我卖出了，因为这时市盈率已达200倍以上，就有估值过高的嫌疑，风险也会较大。

很多投资者在对股票被低估的判断上存在机械和盲目的问题。有人认为股票跌到个位数PE区间就属于跌到低估区域，或者股票跌到历史PE的低位区就属于跌到低估区域。有人认为PEG在1以下就是低估，在1以上就是高估。其实这些都是错误的判断方法，判断一家上市公司的股票是否被低估的前提是先分析这家公司在其存续期间能够赚到多少钱。一切估值方法都要以计算公司在存续期间能赚多少现金为基础。

例如，一家公司以前大部分时间PE都在20倍以上，现在跌到10倍PE，那么现在这家公司的股票被低估了吗？现在这个PE处在低估区域吗？答案：这是不一定的，还要参考公司的基本面。如果公司的基本面严重恶化，大量资金无法收回，公司面临着被破产清算的危险，那么这样的公司就是低到四倍PE也不算被低估，这样的低估区域又有什么意义呢？

一家上市公司现在由于变卖资产而导致利润大幅增长，PE从20倍降到10倍，那么这家公司的股票也不算被低估。因为公司不可能年年变卖资产，公司的主业经营没有发生实质变化，如果明年不再变卖资产，那么公司的PE又会变成20倍，实际上公司的PE根本就没有什么变化。又如，一家公司属于周期性行业，由于行业进入景气周期而导致业绩大增，PE从20倍降到10倍，那么这家公司的股票也不算被低估。因为这是公司业绩最好时期的市盈率，未来随着行业景气周期结束，公司的业绩就会大跌，PE就会猛增到20倍以上，甚至业绩变为亏损。

再如，一家公司当前的市盈率是40倍，明年的业绩增长速度被多家券商预估为25%，那么这样的股票看似并不便宜，因为PEG大于1。但实际上这家公司的股票依然可能是被低估的，因为公司拥有非常强的垄断优势，业绩确定性很强，其存续时间可能在100年以上，用自由现金流贴现模型计算当前的股价是被低估的。投资者在判断一家公司的股票是否被低估时，除了要看PE、市值、历史PE区域等指标，更要思考的是未来公司的业绩走向及增长速度，实际上也是判断未来公司到底能为股东赚到多少钱，未来公司会怎么样才是最重要的。

例如，虽然当前公司的PE很低，只有8倍、10倍，但是前景很一般甚至较差，那么这只股票就不一定属于被低估。比如，银行、地产、煤炭、家电等行业现在的PE大多不足10倍，但是如果断定其未来几年的业绩增长速度很慢甚至下滑，那么即使不足10倍的PE，也不能认为它们被低估。因为随着业绩下降，公司的PE可能会上升。

虽然当前公司的PE高达40倍，但是公司的前景很好，那么这只股票就不一定被高估，有可能还被低估。例如，2019年比亚迪的市盈率有40倍，看似很高，但是公司在后面几年业绩突飞猛进，现在比亚迪的股价已是那时的六七倍。又如，同样的市值仅有50亿元，有的公司的股票可能就被高估，有的公司的股票可能就被低估。投资者必须对公司的未来发展有所洞见，才能知道当前的市值是否被低估。

可以看到，当前上市公司的PE数值容易计算，PE历史区间也容易判断，市值大小更是一眼可见，但是公司未来的发展会如何却是很难预测的，这是一个变量。估值的分析之难就在于分析公司的未来发展状况。因为一家上市公司今年盈利，明年、后年可能会业绩下滑甚至会亏损。预测公司未来的业绩是非常困难的，这也正是价值投资的难点所在。

上市公司未来的发展受多种因素影响，比如管理层变动、行业竞争、行业周期、行业政策、经济环境、灾害等，这往往是很难预测的。

那么，怎样预测公司的未来发展呢？对公司的未来发展预测是否就毫无办法呢？也不是，对公司的未来发展预测还是有一定的方法的。

一种方法是对所关注的上市公司进行全方位的调研，包括公司的产品销售、管理层能力、竞争对手状况、产业政策等，耗费大量的时间和精力搜集尽可能全面的数据进行分析，以期获得尽可能准确地对公司未来发展的判断。

另一种方法是去寻找一些有行业垄断优势、未来业绩大概率会保持稳定或增长的公司来进行分析。对这类公司的分析和研究难度会小一些，一般不需要耗费大量的时间和精力。例如，对于一家不知名的水电公司，需要投入大量的时间去调研，即便如此，也未必能准确预测这家公司的未来发展。如果换成对知名的水电公司进行分析，比如长江电力这样的有资源优势的水电龙头公司，那么业绩预测就会相对容易——其未来业绩大概率会平稳增长。如果当前其市盈率只有10倍，那么十有八九该公司的股票是被低估的。由于其盈利能力稳定，未来业绩容易预测，根据自由现金流贴现模型计算其应有的估值，也可以得出当前的市值被低估的结论。

总之，当第一眼看到一家公司的市盈率数值或其在历史PE中的位置、市值等数据时，是无法直接得出该公司的股票是否被低估的结论的。必须对这家公司的经营情况进行大量的研究，以分析公司的未来发展，然后才能得出对该公司估值的正确判断。

第4章

建立股票投资体系

4.1 投资盈利的基本原则——赚大亏小

无论是短线交易还是长线投资，都必须遵循"赚大亏小"的原则，它是股票投资最基础的、最重要的原则。

在投资实践中可以发现，几乎所有亏损严重的投资者的股票交易账户都有一个共同的特征：在其账户中必有一笔或两笔巨大的亏损交易。这几笔亏损交易的绝对金额要大于账户中其他任何一笔盈利交易的绝对金额。

举个例子，小王的股票交易账户里今年依次有10笔交易，它们的盈利情况分别是：+1万元、+2万元、+0.5万元、−1万元、+2.5万元、+0.8万元、+1.5万元、−0.8万元、−6万元、−2万元。

10笔交易过后，最终小王账户的总盈亏是−1.5万元。这里的−6万元这笔交易，其亏损金额大于小王账户中任何一笔交易的盈利金额，它是造成小王账户总体亏损结果的最重要的一笔交易。

总资产盈利的投资者的股票交易账户则正好相反——其中必有一笔或两笔交易的盈利大于账户里任意一笔亏损金额。例如，小李股票交易账户中的10笔交易盈利状况分别是：+2.5万元、+2万元、+1万元、−0.8万元、+1万元、−0.7万元、+2万元、−0.5万元、+0.6万元、−1.2万元。

小李股票交易账户的总收益最终是盈利5.9万元，这里最大的一笔亏损交易只有1.2万元，而最大的一笔盈利交易却有2.5万元。其实小李与小王的交易成功率都是60%，结果却是小李炒股赚钱，小王炒股亏钱。两个人产生账户总体盈亏差别的真正原因在于小王那笔6万元的亏损交易。如果没有这笔亏损交易，那么小王的投资收益绝对不会很差。

究其原因，上面小王那笔较大的亏损交易的产生在于他平时没有对自己的亏损金额进行严格控制，即没有及时截断亏损是造成他最终总体亏损的最重要的原因。交易不发生重大亏损的核心方法很简单——控制单笔交易的亏损金额。

在投资中不仅要控制每次投资的亏损额度，还要尽可能地让"利润奔跑"。

让利润奔跑的主要意思就是当市场赚钱机会来临时要尽可能地多赚，这样才能在弥补过去和未来的亏损之后还有盈余，这样才能使投资总收益为正数。很多股民赚点小钱就落袋为安，有的人甚至一次交易获利不到10%就抛掉了。这样长期操作下去的人肯定是赚不到钱的。因为这样的投资者没有考虑到未来的投资里必然会出现的亏损。有赚钱机会时不尽量把握住，不尽量多赚一些，又怎么能弥补未来必然会出现的亏损呢？

在短线和中线交易当中，一般在一次交易里成熟的投资者都要尽量在获利10%～30%甚至更高时才选择卖出；而在一次亏损的交易里，应控制自己的亏损金额，一次交易最多只亏损3%～10%。

作为长线价值投资者，一般在一次盈利的交易里，尽量让盈利翻一倍甚至数倍，这样在其他亏损的交易里，才可以允许自己有30%左右的亏损。一次投资所赚到的金额要大于两三次投资所亏损的金额，股票投资这样操作下去最终才有可能赚到钱，即便我们只有不到50%的交易成功率。世界上专业的投资者都懂得让利润奔跑的重要性，并同时明白截断亏损的重要意义。只有做好这两个方面，才能实现稳定的股市盈利。

4.2　资金管理

资金管理是股票投资里无法回避的问题，不懂得资金管理的投资者做不好股票投资。资金管理在股票投资体系中发挥着至关重要的作用，是每个投资者必须高度重视的问题。

4.2.1　什么是资金管理

什么是资金管理呢？简单地说就是控制自己的资金流动的方向和大小。投资者出现重大亏损绝大多数是因为在资金管理上出了问题，不少股民不懂得要把资金放在不同的篮子里。有的股民会说：巴菲特从来都是集中持股的，仅重仓持有几只股票。事实的真相是，巴菲特的账户里常年保持至少有几十只股票，他不仅炒股，还做期权等系列金融衍生品的套利，同时经营多家实业公司。巴菲特的投资实际上是相当多元化和分散的，我认为，资金管理在股票投资中的重要性不逊于股票行情分析和上市公司基本面研究的重要性。

面对未来世界的复杂性、不确定性，投资者的投资水平再高也无法得出百分之百的确定性投资结论，留给投资者的答案都是"概率""可能""也许"。投资者投资一只股票，即使分析研究再深刻、再彻底，也不可能有百分之百的投资成功率。除非能"穿越"到未来，然后回到当前去投资。投资者的投资能力再强大，也无法完全规避投资的风险。股票投资的风险无处不在，资金管理就是要帮助投资者尽可能地防范、减少、分散风险。

4.2.2　资金管理的方法

股票投资中哪个环节绝对不能割舍？答案是资金管理。

在我看来，股票投资的核心环节是资金管理或者资产配置，是投资者必须高度重视的核心技术。无论是金融界从20世纪二三十年代开始流行的技术分析投资，还是从20世纪四五十年代开始崛起的基本面投资，都有其在投资中的内在缺陷，它们都不能完全解决投资的不确定性问题。如果说技术分析和基本面分析是装钱的箱子，那么资金管理就是这只箱子上的铁锁。没有铁锁，再好的箱子也很难保存住钱财。

不少著名的投资专家都认可"90%的投资收益都来自资产配置，选股和择时都是徒劳"的说法。我个人认为，"90%"这个数字值得商榷，但资产配置确实是极其重要的。投资者在股票投资中可以不懂技术分析,也可以不懂价值投资,但不可不懂资产配置或资金管理。以指数基金为例,指数基金的投资原理就是资产配置,并没有什么高深的选股技巧。沪深300指数基金就是买入上海证券交易所和深圳证券交易所的300只白马蓝筹股组成的一个股票组合,指数基金的管理者会严格跟踪这300只股票,把业绩变差的剔除出去,把业绩良好的补进来。历史数据表明,指数式基金的业绩从长期来看能战胜80%以上的股票投资者。

反之,只注重投资技巧,不重视资金管理的投资者失败的例子数不胜数。百年来,世界金融市场上不少著名投资者和著名机构都是因为不重视资金管理,导致最终投资失败甚至破产清算的,这里就不一一列举了。资金管理的重要性怎么强调都不过分。大多数股民只重视技术分析和基本面分析,一般都无视资金管理,这就注定了散户在股票投资中很难走向成功。

4.2.3　资金管理的方式

在股票投资中,资金管理主要表现为仓位管理、股票组合、投资计划。

1. 仓位管理

仓位管理就是投资者对自己所持有股票的比例进行管理,使股票占比保持一个较适合的投资份额,这样在股票投资中才能占据主动。

（1）仓位管理首忌满仓

一是从人生的角度来看,股票投资是不适宜满仓的。人生没有真正意义上的"满仓",我在年轻时就把股票投资当成了自己生活里的唯一,除了吃饭、睡觉,所有时间都花到了股票上,结果生活就过成了灰白色,32岁因为炒股精神压力过大,一夜间两鬓斑白。虽然当时赚到了一些钱,但是身心疲惫且时常生病,后因家庭破裂而身心受到重大打击。这就是将全部身心"满仓"于股票投资的结果。几年后我才明白——人生做任何事都不能满仓。即使再喜欢股票投资,也不值得投入所有的时间和精力。

必须有休闲放松的时间，去做与事业毫无关系的事情，如旅游、美食、恋爱等，这样才能让生活保持一种平衡，生活才能幸福。"适度的投入"不仅是人生的需求，也是股票投资的需要。

在二十多年前，有一次我把所有资金共计50万元满仓买入一只股票，我发现股价每涨跌一分钱都牵动着我的神经，每天我都处于焦虑当中。后来我把股票卖出去一半，仓位减到一半以后马上就感觉神清气爽，真的是如释重负。

如果总是满仓操作，那么势必会使投资者在心理和经济上的压力过大，容易失去理性的投资思考，最终往往导致投资失败。世界上没有真正意义上的通过"满仓投资"成功的投资者。即便世界上有一个人长期通过"满仓投资"获得了成功，那么他除股票以外，也一定有其他的收入，包括本职收入、第二职业或保险、债券、存款等其他收益。从他的总资产的角度来说，股票投资只占他总资产的一部分，他本质上并没有"满仓"。

二是从"确定性"或"成功概率"的角度来看，股票投资也是不应满仓的。

投资者的投资认知是有限的，而行情和公司的基本面却是不断变化的，这是投资者很难预测且不可控制的一部分。投资者完全能控制的只有自己的资金。股票投资的整体"不确定性"始终存在于投资过程中，"满仓买入、卖出"意味着投资者实际上笃定未来的股市行情或上市公司的基本面会百分之百地按照投资者预测的方向发展。但是，投资者真的有精准预测未来的能力吗？例如，投资者满仓医药实际上就是押注医药行业的股票价格必然大涨，否则自己就会陷入较大的亏损中。正所谓"赚得起，亏不起"，即便只亏10个百分点，由于仓位过重，投资者的损失都是巨大的。股票投资的最高境界是进退自如，而"满仓买入、卖出"恰恰是不给自己留退路。

三是从赌博的角度来看，投资者进行股票投资也不应满仓

谈到仓位控制，就有必要聊一下凯利公式，这个公式研究的就是在赌场上每次押注多少筹码，赚钱的概率最大；是否有一个最佳的下注量，使用这个下注

量可以有较大的概率最后能取得胜利。

根据凯利公式计算，一上来就押上所有筹码的人，多次押注下来最终亏钱的概率无限接近100%。后来有人把凯利公式的思路应用到投资中，认为在金融交易中每次交易所持有的仓位也决定了最终交易盈利的概率大小。根据凯利公式的思路，在投资时每次交易都重仓甚至满仓的人，早晚会破产。百年金融投资的历史也证实了这一点。

（2）持仓比例

持仓比例就是每只股票或所有股票占投资者账户总资产的比例。投资者在设立持仓比例之前必须考虑三个问题。

一是"我的投资水平如何"。

真实、客观地给自己的投资水平打分，如果认为自己的投资水平不高，那么每只股票的持仓比例都不应太大，或选择大多数时间半仓以下操作，甚至直接进行指数基金投资的定投。很多投资者在给自己的投资水平打分时都做不到客观，不少股龄只有两三年的投资者，连什么是分红都搞不明白，却自认投资水平较高而采取满仓操作或频繁交易这类高风险的投资操作。

二是"我最大能承受多大金额的亏损"。

投资者对亏损的承受能力是不尽相同的。一方面是因为资产配置不同。例如，老王和小黄的总资产都是20万元。老王在股市上配置了10万元，在国债上配置了10万元。小黄则将20万元资金都放在了股市上。在假设拥有同样的资金实力和心理承受能力的情况下，老王在股市上能承受的亏损幅度和绝对金额就会更大一些。老王可能在股市上最大可以承受40%的亏损，而小黄可能在股市上最大可以承受30%的亏损。这是因为老王还有10万元的国债可以获取稳健的收入。

另一方面是因为资金实力不同。当你的总资产只有5万元时，在股市上亏损2万元可能都是你不可承受的。而当你的总资产有5 000万元时，在股市上亏损2 000万元可能都不会影响你的生活质量。

还有一方面是因为心理承受能力或亏损敏感度不同。例如，老王和小黄的股票交易账户里都只有10万元，但是老王在股票上亏损1万元晚上就睡不好觉，而小黄在股票上亏损2万元却根本不当回事儿，每天继续追涨杀跌，玩得不亦乐乎。

投资者心理上能承受的最大亏损金额不同，因此，在投资时就要设置不同的持仓比例，以防止股价下跌造成较大损失而轻易击穿自己的心理承受能力，造成物质和心理上的巨大影响。一般来说，投资水平不高、资金实力弱、心理承受能力差、资产绝大多数集中在股市的投资者，在购买股票时就要尽量分散一些，每只股票的持仓比例就要低一些。比如投资者每只股票的持仓比例仅为2%～3%，持有几十只股票。如果投资者的资金过少，无法持有几十只股票，那么最好的选择就是投资基金。反之，如果投资者的投资水平较高、心理承受能力强、在股市以外还有不少其他资产配置，那么每只股票的持仓比例可以为5%～10%，甚至更大，可以仅持有8～10只甚至仅持有3～5只股票。

三是"这只股票值得我承受多大亏损"。

一位新来的陌生同事向你借钱，你可能最多只能借给他100元；一位多年好友向你借10 000元，你可能毫不犹豫就借给他了。原因就是你对好朋友的信任度非常高，愿意为他承受更大的潜在风险。

在配置股票仓位时，要对自己最了解、认为最优秀的公司、投资成功概率最大的股票配置更大的仓位，对自己认为不错但是把握不是很大的股票配置略小一些的仓位。对自己认为更值得冒险的股票配置更重的仓位，这是股票资产配置的一条基本原则。

但是也要注意一点，最好不要打破总体的仓位平衡。例如，老王共投资了10只股票，他非常看好新能源，买了两只新能源的股票，其新能源股票的总持仓量达到80%，其他8只股票的总持仓量仅为20%。这样的配置使得股票组合形同虚设，在老王的股票组合里实质只有两只股票——一只是新能源股票，另一只是其他行业的股票。

自己特别看好的股票当然要重仓,但是这个重仓比例不能过大,因为不可能永远不看错。一旦看错,过重的仓位导致的过大损失,在未来的岁月里是很难挽回的。

把这三个问题想清楚了,就知道自己应该持有多大的仓位了。因此,投资者的持仓比例肯定是因人而异的。有的人可能因为更注重风险和资产均衡,一只股票的持仓比例只有3%;有的人可能因为投资水平较高,对目标股票信心十足,单只股票的持仓比例可能达到30%以上;有的人可能因为厌恶过高的风险,大部分时间其所持股票的总持仓比例不到50%;有的人可能资金实力较强,勇于进取,所持股票的总持仓比例达到80%,甚至接近100%。

(3)仓位配置

仓位配置主要有两种常用方式,分别介绍如下。

一种是核心仓位配置。

在足球比赛中,确定攻守核心是非常重要的,股票投资组合里的股票就像一个个球员,他们围绕核心队员(核心股票)相互协助,最终才能取得投资这场比赛的胜利。

什么是核心仓位?核心仓位就是投资者在股票上布局的核心,是投资的重中之重,主要或大部分资金都应配置在核心仓位上。

不同的投资者因为投资理念及对上市公司和市场的理解不同,会有各自不同的核心仓位。在防守反击型打法的球队里,核心仓位就是守门员和后卫,在这种足球打法里会在防守方面投入更多的球员或更偏向防御的阵型,防守是球队取胜的基础。

我个人的投资组合属于防守反击型,在防守的基础上进行反攻,争取获得投资的胜利。这个套路与足球的防守反击型打法是一致的。在我的投资组合里,核心仓位就是那些起到防守作用的资产,包括长期表现稳健的蓝筹股票、债券、现金等。

例如,我在2019年的核心仓位就是工商银行、宝钢股份、海螺水泥、长江电力。这四大股票的特点是分红高，所属公司都是行业巨无霸，公司业绩稳定，进入了成熟期。这种公司的股价波动会相对较小，长期持有风险相对也很小，是我的投资组合的"镇海石"。它们可以保证我的投资收益的稳定性，使自己不暴露在过高的风险之下。

防守反击型球队的进攻发起一般由后卫甚至守门员主导。我的投资组合里的进攻性盈利也是由这些防守型的核心仓位股票发起的，把这四大核心仓位股票作为投资组合的中心，配置了40%～60%的资金。在这样的稳固的资产配置基础上，我发起了犀利的进攻：2019年买入比亚迪这种高风险的股票、投资长安汽车这种尚在亏损中的公司、买入王府井这种不知猴年马月才能上涨的股票。

没有四大核心仓位股票的支持，我是绝对没有勇气投资上面这些高风险的股票的。这四大核心仓位股票就像守卫员、后卫一样，牢牢守护着我的资金安全，使我不至于承受过高的风险，它们是我投资的核心和后盾。

在2019年的投资里，虽然这四大核心仓位股票没有取得多大的收益，但是由于有它们打下的良好基础，我发起的犀利进攻取得了不错的投资收益。比亚迪和王府井这两只股票都赚了两倍多，长安汽车获利一倍，在一年时间里账户资产总计盈利50%多。

基金经理一般都很重视仓位配置。很多顶流的基金经理都有自己的核心仓位，他们一般会把自己研究最透彻的、最看好的公司股票配置成自己的核心仓位。巴菲特的核心仓位是美国运通、可口可乐、苹果公司，这是他最为信任的公司的股票，他在这些股票上配置了更大的资金，保持了较重的仓位。A股市场的易方达基金经理张坤对白酒行业的认知较为深刻，对白酒行业最为看好，贵州茅台、五粮液、泸州老窖就是他的核心仓位。

自2021年以后，我的核心仓位发生了重大改变，现在的核心仓位是食品饮料行业。以前的核心仓位的四大股票相当于四个纯防守型的后卫，现在改成四个进攻型的后卫。并且我对后卫的要求提高了，既要求它们能防守，还要求它们能直接发起进攻甚至破门。食品饮料行业的股票就像进攻型的后卫，既有防守作用,本身的业绩增长速度也不错,可以起到更好的投资效果。我的核心仓位主要由白酒、啤酒、牛奶、猪肉这四大板块构成,在此基础上作为进攻的品种有新材料、新能源、人工智能等。

投资者把自己的股票仓位分清层次,分为核心仓位和非核心仓位,这样进可攻、退可守,方可长久立于股票投资的不败之地。

另一种是均衡仓位配置。

所谓均衡仓位配置,就是所持有的各个板块或各只股票都有大致相等的份额。例如,手中有10万元资金,每只股票配置1万元,共买10只股票,这就叫均衡配置。或手中有10万元资金,每个板块配置2万元,共配置五个板块,这也叫均衡配置。

前面讲的核心仓位配置则相反。核心仓位配置是有配置偏向的。比如投资者最看好消费板块,就可能将40%以上的资金配置于消费行业股票,军工、新能源、人工智能、半导体这四个板块可能加在一起才占60%的资金比例。我在上面讲的白酒、啤酒、牛奶、猪肉板块属于我的核心仓位,它们的仓位占比达到60%以上,剩下的40%的资金我将其配置在了新材料、新能源、人工智能等板块。

均衡仓位配置由于在每个板块或每只股票上都配置了大致相等的仓位,所以它的投资优点是投资的风险较小,投资中的资产收益会较为平稳。每年的投资结果是既不会大赚,也不会大亏,会处于相对中游的位置。均衡仓位配置适合股票投资新手或更注重风险防控的投资者,它可以使投资者的投资之路走得更稳。

（4）补仓

关于补仓,涉及两个问题。

一是"该不该补仓"。

补仓一定要慎重,在一般情况下最好不要补仓。我有一位朋友在多年前高位买入了四川长虹,总计持仓7万多元。不久四川长虹的股价开始下跌,他从60元/股开始对四川长虹进行补仓,但四川长虹的股价不断下跌,他进行了六次补仓。等到四川长虹的股价跌到8元/股时，他已耗费了100万元，再无后继资金可以补仓，但该股依然没有停止下跌的脚步，最后跌到2元/股左右才止跌。想想看，如果他没有补仓，那么他在这只股票上的损失最多只有7万元，他完全有可能通过投资其他股票把这几万元损失赚回来，但是他选择了补仓，结果导致他最终的损失达到几十万元。问题的根源在于他对四川长虹的基本面不了解，不清楚其基本面已经严重恶化。他盲目地想摊低自己的持股成本，最后却发现这是一个无底洞。补仓的基本原则是：对基本面不是很了解的公司股票不要补仓，只对基本面非常了解的公司股票进行适当的、有限度的补仓。

普通投资者大多对上市公司的基本面了解得不够深入，对上市公司股票大跌的根本原因缺乏真正的了解。因此，对于绝大多数股民而言，不补仓才是最好的选择。持有的股票暴跌这件事本身就说明了我们所持有的股票有可能存在我们不知道的内在风险。在风险不明的情况下，绕着走都怕来不及，为什么还要补仓呢？

股市里有数千只股票，为什么一定要和自己手里被套的股票过不去呢？不进行补仓，买其他的股票不行吗？说来说去，就是投资者的"沉没心理"在作怪。就像一个人在买了电影票后才发现电影内容不是自己喜欢的，但是无法退票，由于心疼购票钱，他仍然决定把自己不喜欢的电影看完。

投资者在自己手里的股票大跌时，应进行区别对待。对其中自己了解泛泛的公司应坚决不予补仓，对自己非常了解的公司进行适当的、有限度的补仓。对基本面非常了解的公司的补仓也不能过多，因为投资从来没有百分之百的胜率，"不确定性"始终徘徊在股票市场上。一旦出现投资者误判上市公司的基本面或黑天鹅事件，补仓过重会造成难以弥补的重大损失。

二是"怎样补仓"。

如果对一家公司的基本面非常熟悉，而且断定补仓的成功概率达到90%以上，那么在这种情况下就要考虑怎样补仓了。投资者在补仓时首先要注意的是自己可以用来补仓的资金是有限的，因此，选择补仓的位置要谨慎，补仓的次数也要尽量少。

补仓的位置一定要和原持股成本的位置相距较远，也就是说，投资者一般被套25%以上才需要考虑补仓。如果投资者只被套了10%或20%，就完全没有必要补仓，因为10%、20%的跌幅在以后的行情里很容易上涨回来，没有必要冒风险加注资金进行补仓。有的股民看到持有的股票浮亏5%就开始补仓，亏10%时再次补仓，股价下跌到15%继续补仓，最后所持有的股票被套30%时已无资金继续补仓，结果造成自己资金的"全军覆没"。

我的经验是，在被套25%以上时补一次仓，在被套50%以上时再补一次仓，然后就停止补仓。即使股价继续下跌30%，也不要补仓。原因是补仓补得少，最坏的结果也就是在以后的行情大涨中自己赚得少一些而已；如果补仓补进了自己的所有资金，一旦补错股票，那么等待自己的将是"全军覆没"。这种有限的补仓会使自己在补完仓后，手里还有剩余的资金，这时我们可以采取"围魏救赵"的方式，买进其他股票，构建一个股票组合，比如持有20只股票以分散投资的风险。把自己放在股票投资弱者的地位，假定自己有可能看错，少补仓、不补仓才是股票投资的长久生存之道。

2. 股票组合

建立股票组合在投资中具有重要的意义，是每位投资者在投资过程中的必修课。可以说，不懂股票组合就相当于在股市里蒙面狂奔。

（1）普通投资者与职业投资者最大的差别在哪里

普通投资者与职业投资者在股票投资实战里最大的差别就在于股票组合的运用。普通投资者大多不重视股票组合，而这却是职业投资者在股票投资里十分重视的一个投资环节。

普通投资者大多认为抓住一两只好股票就可以赚大钱，而职业投资者却深知只买一两只股票从长期来看是赚难亏易的，必须做好股票组合才行。成熟的职业投资者大多比较注重资产配置，具体表现在股票上就是股票组合。我在年轻时就有这方面的教训。当时我虽然投资经验丰富，也有自己的"投资绝招"，但投资收益多年来处于不稳定的状态，后来我发现主要原因就在于不重视股票组合的运用。当我真正认识到股票组合在投资中的重要意义后，我的股票投资收益就开始稳步向上。

世界上著名的股票投资者都是非常重视股票组合的。例如，格雷厄姆经常建议投资者至少持有20只股票，世界著名基金经理彼得·林奇的股票组合里的股票有成百上千只。股票组合理论是一个获得了诺贝尔经济学奖的理论，当今世界上无数基金经理的主要工作都是构建自己的资产配置和股票组合，股票组合的优劣直接关系着基金经理的业绩好坏。

（2）股票组合的作用

股票组合在股票投资中具有重大的作用。

一是提高股票投资的成功率。

在对一只股票的基本面不是很了解的情况下进行投资，投资成功率可能只有50%甚至更低，如果同时买入10只、20只以上的股票做成股票组合，那么投资成功率将会大幅度提高。有一次，我在公共场合谈及"持有20只以上的股票能显著提升投资者的投资成功率"，有一位股友居然说："20只股票里有10只涨、10只跌，那么最后算下来还不是一样不赚钱？"这位投资者之所以有这样的想法，是因为他心里存在一个前提假设——每只股票的上涨幅度和下跌幅度是相等的，所以，他认为当有10只股票涨、10只股票跌时，最终的投资收益为0。

实际上，他的这个假设是完全站不住脚的，各只股票的上涨和下跌幅度并不是相同的。股价再怎么下跌（甚至公司破产）也不可能跌成负数，最多也就是在理论上跌成0元。但是股价上涨的最大幅度却可能达到2倍甚至20倍、200倍，从理论上说股价上涨的幅度是没有天花板的。这意味着我们在股票投资中即使只有50%的成功率，只要其中一部分股票的涨幅足够大，那么最终一定会盈利。

芒格说过，"如果把我们最成功的10笔投资去掉，我们的投资就是一个笑话"，这句话揭示了股票投资的真谛——投资成功并非由于手里的股票大多数处于盈利状态，少数几笔盈利巨大的投资才是投资成功的根源。"二八定律"在股票投资中是同样适用的。

只有建立股票组合，才会有更大的概率买到未来的超级牛股，由超级牛股带动股票组合整体收益的大幅攀升，这才是股票投资获得成功的主要原因。

二是防范黑天鹅事件。

上市公司的财务造假、行业遭遇危机、国内外经济和政策环境变化等是投资者在做股票投资时不可避免会遇到的黑天鹅事件。如果不做股票组合，可能就会在投资中遭受重大损失。例如，有的投资者重仓甚至满仓教育行业的股票，当管理学龄教育的最新政策出台后，教育行业的股票大跌，导致股民损失惨重。如果这些股民没有满仓、重仓教育行业的股票，而是持有一个均衡的股票组合，股票组合里配置有大量的消费、光伏等行业的股票，那么投资损失就会少很多，甚至会整体上有所盈利。

不少投资者在股票投资里担心上市公司财务造假，想通过提高自己的分析能力来避雷，实际上这是事倍功半的做法。上市公司的财务造假是普通投资者很难事前发现的，即使职业投资者也常常会被上市公司的财务造假蒙蔽。应对上市公司财务造假问题最简单的、最现实的做法就是多买几只股票，建立一个股票组合。从本质上说，投资者对任何一家上市公司进行投资，都没有百分之百的成功率。任何一家上市公司都有遭遇重大利空而业绩突然大跌的可能，上市公司的经营发展是动态的，目前业绩优秀的上市公司有可能几年后业绩下滑甚至处于破产边缘。因此，对于任何一家上市公司的股票在理论上都不可以给予过重的资产配置，建立相对均衡的股票组合才是稳健投资的根本。

三是使自己的股票投资收益波动变小，收益更加稳定。

建立股票组合以后，由于股票品种多样化，在平时的行情里持股有涨有跌形成对冲，这使得投资者在大多数时间里很难产生过大的亏损。有的人虽然也建立了股票组合，但是里面的绝大多数股票同属一个板块行业，这实质上依然是只持有"一只股票"，分散风险的效果并不强，其股票账户收益波动就会很大。有的人指出股票组合的坏处——投资品种多样化，会使自己的投资收益变小，甚至只能取得市场的平均收益。

我承认股票组合确实可能有这样的缺点，但是在控制风险和获取最大收益之间进行权衡，我认为还是控制风险更重要。在日常生活中，我们开车不需要开到最大速度，合适的行车速度才是我们行驶得长远的保障。在长期投资中，稳定的投资收益明显更有利于投资者实现财富自由。在投资中采取激进的投资策略只会使投资者的投资收益变得不稳定，会面临更大的投资风险，从长期来看很难有良好的投资收益。

四是使投资者有更大的容错或止损空间，在投资中可以进退自如。

在投资中往往面临着当股价下跌时进行止损却顾虑会卖飞股票，不进行止损又怕损失扩大的两难境地。但是，建立股票组合就可以避免这种尴尬的局面。例如，投资者共投入10万元资金，每只股票分配1万元左右的资金，其中任意一只股票下跌20%甚至40%也不会过于担忧，因为这只损失了总资产的2%～4%，完全不必急于止损，完全有时间思考当前是走还是留。并且由于有较大的容错空间，可以耐心持有下跌的股票三五年以上，这当然极大地提高了股票投资的成功率。即使未来这只股票没有上涨，公司的基本面变坏，投资者的损失空间也不过是股票总资产的几个百分点，投资者完全可以承受。

相反，如果投资者没有做股票组合，用10万元资金只买了一两只股票，那么由于每只股票的大跌对总资产的影响都较大，所以，每只股票的大跌都很难从容应对，必须马上做出是否继续持有的决定。就如同站在悬崖边和对手搏斗，容错的空间极小，在投资上缺少进退自如的空间。

五是减轻投资者的心理压力，有利于保持良好的投资心态和稳定投资信心。

由于建立了股票组合，分散了投资风险，在行情涨跌中投资者投资收益的波动相对较小，在防范风险的同时可以最大限度地捕捉投资机会。在投资中能够进退自如，投资者的心理压力就会减轻，有助于树立投资信心，保持良好的投资心态及长期持股，最终获得良好的投资收益。

（3）怎样建立股票组合

股票投资的资产配置主要通过股票组合的方式进行。在建立股票组合时要注意以下几点。

一是要设计好持股数量。

在投资股票前应考虑好自己准备持有多少只股票。如果投资者的资金只有一两万元，则建议投资者以投资基金为主，因为资金过少无法建立股票组合。

一方面，投资者持有多少只股票和投资者的投资能力高度相关。如果投资者对上市公司的基本面较为了解，有较强的投资能力，那么投资者完全可以只持有三只股票；如果投资者对上市公司基本面的了解浮于表面，自己的投资能力也非常一般，那么投资者至少要持有10只甚至20只股票。在这里有一个问题应当注意：持股数量和投资者的资金大小没有关系。不少股民经常会有这样的疑问：在本金不多的情况下应该持有多少只股票？表面上，持有多少只股票好像和本金有密切关系，而实际上，应该持有多少只股票主要和投资者的投资能力有关系，即投资成功的"确定性"高不高，而和资金大小并没有必然的联系。是否非常了解上市公司的基本面、是否对投资成功有高确定性才是问题的关键。如果这次投资成功的概率可以达到百分之百，那么无论是有5万元还是有500万元资金，都可以全部用来买入一只股票。

如果对这次满仓投资的一只股票最终盈利的把握并不大，对这家公司的基本面并不太了解，那么无论是有5万元还是有500万元资金，都不应该把所有资金投向它，而应该做分散投资以分散风险。"投资成功概率"才是持股数量最具决定性的因素。如果投资者自身的投资能力不高，投资成功率低，却因为自己资金量小而重仓在一两只股票上，那么这种赌博式的行为早晚会被市场惩罚。

资金量小的人最好选择投资基金，等资金量大一些后再做股票投资，投资基金实际上间接地建立了股票组合。有的投资者说："股民持股太多会照看不过来，持有两三只足够了。"我想问的是："持有两三只股票，股民就能照看过来了？"实际上，不少股民的投资能力接近于零，即使让他们仅持有一只股票，他们也照看不过来，该被套还是被套，该亏损还是亏损。与他们接近于零的投资能力匹配的投资品种不是股票，投资基金甚至低风险理财产品才是正确的选择。

另一方面，投资者持有的股票数量和投资者的投资风格相关。有的投资者比较喜欢持有更多的股票，他可能会持有30只甚至100只以上的股票；有的投资者更喜欢深研股票，他的投资能力很强，但可能喜欢只持有三五只股票。一般来说，投资风格越谨慎的投资者持有的股票数量越多，投资风格越激进的投资者持有的股票数量越少，但是一般来说应持有三只以上的股票。

二是要设计好持股份额。

在每只股票上所投入的资金份额主要从两个方面考虑。

首先，要考虑好配置方式。

例如，有20万元资金，如果想持有10只股票，一种是均衡配置，即每只股票都配置10%，即2万元左右的资金。这种配置方式相对来说较为保守、稳健，且相对简单。另一种是有偏重的配置，即在有的股票上可能配置10%以上的资金，在有的股票上可能只配置3%以下的资金，这种配置方式相对来说较为灵活，但是对投资能力的要求较高。

这种股票组合的资金配置一般是投资者根据自己对不同股票的基本面的了解程度来设计配比的。一般投资者会对自己认为投资把握较大的股票配置10%以上的资金份额，对自己认为投资成功率略低或把握不是很大的股票配置3%以下的资金份额。

其次，要做好风险控制。

在每只股票上只配置自己能"亏损"得起的资金份额。根据自己的风险承受能力,对每只股票上的资金份额进行配置。这样在未来行情中一旦股价大跌,自己早已做了充足的配置准备,在股票上的亏损就很难跌破自己的资产和心理防线。例如,有20万元资金的投资者,想持有10只股票,其中在有的股票上自己愿意承受2万元的亏损,在有的股票上自己只愿意承受3 000元的亏损。因此,在愿意承受2万元亏损的股票上可以投入4万元甚至更多的资金,在只愿意承受3 000元亏损的股票上可以只配置1万元的资金。

三是要选择好持股方向。

持股方向就是投资者看好的投资方向。如果我们看好消费行业的发展,那么我们的股票组合里就会在持股数量或金额比例上偏重于消费行业。如果搞不清后市哪个板块或公司更有潜力,那么持股方向可以是三五个板块或更多的方向,以保证有更大的概率买到业绩长期向好的行业或优秀的公司。

投资能力很弱的投资者缺少对上市公司的分析能力,对经济动向和行业发展也看不清楚,因此,我建议这类投资者应以宽基指数基金投资为主。

(4)建立股票组合与买基金的区别

有的投资者看到我经常提出“股票投资要持有10只甚至20只股票做一个股票组合”,感觉这与自己买基金没有什么区别,因为在基金持仓里也常常持有几十只股票。于是,他们提出这样的问题:自己建立一个股票组合与买一只基金有什么区别?

简单地说,自己找几只股票建立一个股票组合更像自己亲自在家动手做菜,买一只基金更像到饭店里订一桌厨师做的套餐,套餐虽然很丰盛,厨师的水平也很专业,但是未必合自己的胃口。股票投资也是如此,自己选择10只、20只股票建立一个股票组合在大多数情况下可能更适合自己。

自己建立一个股票组合与投资一只基金相比有四大优势。

一是透明、直接。

在投资一只基金以后,打开它的持仓组合,经常会感到一片茫然——为什么基金经理会重仓这只股票? 为什么持仓会有这样的比例? 这些股票具体什么时候买的(卖的)? 当时的决策理由是什么? 基金经理下一步会调仓吗? 如果调仓会增减什么股票? 等等。投资者会有若干个问题在脑海中盘旋。基金投资者有这些疑问是由于他们都是间接操作者(直接操作者是基金经理)。基金经理的投资操作对于基民来说绝大多数时间都是不透明的,基金投资者很难及时知道基金经理当前正在做什么和将来要做什么。

由于基金经理(主要指主动型基金经理)的决策绝大多数时间都是不透明的,投资者买入和卖出基金的行为很有可能和基金经理的决策不一致,从而造成基金投资上的收益损耗。例如,因看好白酒行业而加仓偏好白酒投资的一只主动型基金,可投资者不知道的是,此时基金经理正在大幅减持白酒行业的股票,反而买入了投资者并不看好的其他行业的股票。

投资者自己建立股票组合,投资就会很直接,自己会更清楚为什么买这只股票而不买另一只股票,为什么配置这么多的仓位比例而不是更多或更少的仓位比例。当不看好后市时,可以直接减仓甚至清仓,发挥自己擅长中期投资或闲钱投资的优势,更从容地应对股市的波动。

二是长期持有的信心更足。

投资者自己建立股票组合所投资的股票一般都是自己比较了解的上市公司的股票,这样持股信心就会更足,就会更有耐心长期持有。由于是自己直接操作,非常清楚自己的投资逻辑和理由,在是否要加、减仓的问题上就会比较清楚,不会发生纠结。而持有基金则不同,基金持有者完全不清楚基金经理为什么要持有这些股票,以及当前基金经理是加仓了还是减仓了,他们只能无条件地把自己的投资命运交给基金经理。因此,当行情波动较大时,基金持有者当然会容易信心不足,产生想要赎回资金的想法。

三是投资空间更广阔。

基金投资会受很多规则的影响,在买入品种、买入仓位、买入时机、持仓时间等多个方面受到基金法规的掣肘,因此,基金投资的效果往往达不到最佳。例如,在投资品种上的限制,股票型基金一般不允许投资债券和贵金属,这使得股票型基金在股市行情不好时缺少投资的腾挪空间;开放式基金为了应付基民的赎回,必须保留一部分现金,因此永远不能满仓;很多公募基金由于规则限制,明知股市行情可能要大跌,也要保持八成以上的仓位,自己没有权利随意减仓;按照相关法规,新基金在发行时必须在几个月内建仓完毕,即使这时是行情头部。自己建立股票组合则完全不同,因为投资者有完全自由的投资权利——想买什么就买什么,想买多少就买多少,想持有多久就持有多久。股票投资者有更大的空间可以充分施展自己的投资才能,有利于取得良好的投资成绩。相比之下,基金的规则问题造成了基金经理在运营基金时受到种种限制,从而影响基金取得更好的业绩。

四是有利于提高自己的投资水平。

自己直接动手操作,就必须独立面对投资里的具体问题,独立权衡投资风险,长期下去有利于提高自己的投资水平。相较之下,把资金交给基金经理,就永远不会有提高自己投资水平的机会。总之,自己建立股票组合更有利于自己的长期投资,更容易发挥自身的投资优势,并且没有基金的规则束缚,有更大的进退空间。自己建立股票组合有可能比投资基金风险更小、收益更多。但是,自己建立股票组合是有门槛的——必须有一定的投资水平。所以,对于大多数投资者来说,由于自己的投资水平不高,将自己的资金用来投资基金是更明智的选择;而对于投资水平还不错的人来说,自己建立股票组合肯定是更好的投资方式。

3. 投资计划

股票投资必须未雨绸缪。投资者在投资之前一定要制订详尽的投资计划,以防范未来可能出现的风险。制订一份周密的投资计划就像建造一幢抗震、防水的房屋一样,平时看不出什么作用来,等到洪水、地震等意外灾害到来时,就能感受到它的作用了。投资计划就起到了这样的作用。

以我在2019年的一次投资为例，计划股票总投资若干万元，此部分为五年内可不动用的闲置资金，我当时的投资计划如下。

目标：在稳健投资的前提下以长线投资为主，争取五年内获得翻倍收入。

持有时间：准备持有五年以上，做长线价值投资。

选择品种：在A股市场上选择多只行业龙头公司的股票。行业龙头有更大的概率在未来几年业绩保持稳定，持有多个行业的龙头公司股票可以使自己获得较为稳健的收益。

按照这份计划，我选择投资医药、银行、乳业、汽车、家电等九大行业的龙头公司股票。选择这九大行业股票的主要原因是我比较了解这九大行业，特别是它们的龙头公司。家电行业是我跟踪多年的行业，对其基本面更加熟悉，因此，我在家电行业中选择了两只股票。投资多个行业的原因是行业分布面较广，在投资时可以形成风险对冲。

资产配置：把资金平均分配到10只股票上，资金均衡的组合可以抵御风险。我的目的是建立一个攻守兼备的股票组合，因此，我首先以"稳健"为基础，选择了工商银行、宝钢股份、伊利股份这三家我认为最稳健的公司作为核心仓位配置，以防备未来可能出现的股市行情大跌风险。

股票组合里的大族激光、王府井、恒瑞医药、长安汽车则属于进攻型股票。这几只股票的基本面变数较多，未来风险可能较大，但是未来的涨幅也可能较大。特别是其中的王府井，股价低迷多年，一旦大涨，它的涨幅可能较大。这属于资产配置中的防守反击型配置，既兼顾了仓位的均衡，又没有失去资产配置的核心。

买入时机选择：选择近期市场下跌的一天一次性买入这10只股票。因为我要做长线投资，并且这些股票已总体调整了多年，所以，没有必要对买入时机过于挑剔。我当时认为市场总体还是低迷的，当前的点位并不算很高。我对每只股票的基本面进行过认真分析，从长期来看，当前这些股票的总体估值并不高。

卖出时机选择：我当时认为市场人气低迷，应坚定持有。我的投资计划是耐心等待，持有至未来行情牛市氛围浓郁、市场人气旺盛时进行减持。如果股票组合中有的股票在未来一段时间里涨幅过大、估值过高，就提前减仓甚至清仓。

持股过程中的个股风险应对：在持股期间有任何一只股票大跌，都要按计划查看其基本面有无变化。如果其基本面没有实质变化，那么股票价格就是下跌50%也要坚定持有；如果其中个别股票的基本面发生严重恶化，就要坚决止损。由于我在每只股票上只配置了10%的资金，所以，我完全可以承受两三只股票下跌50%左右所带来的亏损，并且这样的止损额度在我的心理承受范围之内。长期持有多只股票，未来大概率会出现股票组合里有的股票盈利较大，有的股票亏损较大，只要秉持"赚大亏小"的原则，最终股票组合大概率会盈利。

整体账户资产亏损的应对：股票组合由于配置较为均衡，且在行情低迷时间段入市，预估总体股票资产损失很难超过30%。我已做好面对股票资产在五年以内浮亏30%左右的准备。即使五年内的股票资产浮亏超过30%，对我生活的影响也不大，因为我在股票投资以外还有存款、债券、货币基金等资产配置。

心态准备：股票投资很容易影响我们的日常生活。由于持股时间长达3～5年甚至更长，行情的波动极易影响我们的心态。因此，我们不但要规划投资，还要对投资以外的日常生活有所规划，这样才能使投资和生活达到均衡。我对日常生活的规划是每日看盘时间不超过10分钟，绝大多数时间用来看书、思考和健身，剩余的时间去户外游玩、追剧、品尝美食，在这样的生活状态下，五年的投资时光不易有漫长的感觉。

投资计划实施过程：

在制订了投资计划不久，在A股市场一个大跌日的下午我就开始了建仓。下面10只股票是我在2019年按照投资计划在一天内建仓完毕的。两个月后各只股票的收益如图4-1所示。

证券代码	证券名称	成本价	▽盈亏比例(%)	市价	交易市场
600276	恒瑞医药	63.531	26.001	80.050	上海A股
601398	工商银行	5.422	-0.595	5.390	上海A股
600887	伊利股份	29.203	-1.894	28.650	上海A股
000625	长安汽车	8.696	-8.005	8.000	深圳A股
600690	海尔智家	17.639	-9.804	15.910	上海A股
600019	宝钢股份	6.964	-16.568	5.810	上海A股
000002	万科A	31.112	-17.073	25.800	深圳A股
600859	王府井	18.830	-22.147	14.660	上海A股
002008	大族激光	42.517	-27.087	31.000	深圳A股
600060	海信电器	10.846	-29.466	7.650	上海A股

图4-1　持股两个月后的各只股票收益

在其后的一年时间里，我的整体账户资产最多时浮动亏损达到15%，这完全在我的投资计划所允许的浮亏范围之内，所以，2019年我按照计划坚定持股。在刚开始买入10只股票的两个月内，只有1只股票是盈利的，其他9只股票全部处于浮亏状态。王府井这只股票浮亏最多时达到40%的幅度，但我审视其基本面没有发生变化，于是按照投资计划，我选择继续持股不动。当我按照投资计划持股了一年以后，我的股票账户就变成了如图4-2所示的情况。

证券代码	证券名称	成本价	▽盈亏比例(%)	市价	交易市场
600859	王府井	18.450	294.680	72.820	上海A股
600276	恒瑞医药	52.751	86.745	98.510	上海A股
002594	比亚迪	55.155	53.132	84.460	深圳A股
600585	海螺水泥	39.276	50.831	59.240	上海A股
000625	长安汽车	8.696	48.686	12.930	深圳A股
300012	华测检测	17.830	33.988	23.890	深圳A股
000063	中兴通讯	36.100	30.526	47.120	深圳A股
600060	海信视像	10.719	30.239	13.960	上海A股
002415	海康威视	30.977	23.835	38.360	深圳A股
600887	伊利股份	28.661	22.189	35.020	上海A股
600009	上海机场	69.531	9.044	75.820	上海A股
600690	海尔智家	17.639	5.616	18.630	上海A股
600900	长江电力	18.039	5.495	19.030	上海A股
601398	工商银行	5.159	4.274	5.380	上海A股

图4-2　持股一年后的各只股票收益

一年前亏损最多的王府井，在2020年的涨幅最大。由于它当时的个股人气过于旺盛且估值过高，已达到2019年制订的投资计划里的卖出标准，于是我在69.7元/股附近清空王府井。恒瑞医药在不久后也由于相同的原因被我清空股票仓位。大族激光由于在建工程事件的爆发，使我看空公司的管理层，按照投资计划来看这属于公司的基本面发生了变化，于是我持有不到半年，提前清仓出局。

其他股票在2020年继续持有不动。

2021年2月，我认为市场人气过于旺盛，市场大概率会成为行情头部。这属于触发了2019年制订的投资计划里的"卖出时机选择"。于是我清空获利较大且估值已高的比亚迪、长安汽车、福耀玻璃、工商银行、宝钢股份，减仓伊利股份（在图4-2中多出长江电力、海康威视等几只股票属于2020年制订的投资计划，与2019年的投资计划无关）。

总之，投资计划就像在投资前写好的剧本，我们严格按照这个剧本演出就够了。投资者在买入股票之前就计划好了一轮投资的全过程，包括开始和结尾，每次的投资都是按照这样的套路进行的，这也是著名投资者常说的"太阳底下没有新鲜事"的缘由。

一份完美的投资计划应不局限于股市，它应涉及方方面面，甚至包括日常生活。

首先，除股票投资以外，投资者最好还有一部分资金购买货币基金或债券基金、国债这类较低风险的资产，也可以投资黄金、一二线城市地产等。这样，即使股市行情不好，对自己的生活影响也是有限的。多元化投资可以使自己的人生走得更稳健。

其次，除股票投资以外，最好还要有其他稳定的收入。全职炒股不是普通投资者最好的选择，边工作边投资才是最好的增加收入的方式。投资者在平日里有自己的职业或副业收入，才能使自己有源源不断的现金流，才能更坦然地面对投资中的起伏震荡，才能更容易地做好长期投资。

再次，投资者在平日里要养成良好的健身习惯。身体是一切的根本，投资是终身的事业，必须有一个强健的身体来支撑。投资者平时就要养成锻炼身体的习惯，这样才能为投资打下坚实的基础。

最后，投资者还要有投资以外的其他兴趣爱好。投资只是生活的一部分，投资和日常生活的关系密不可分，投资者应该有广泛的兴趣爱好，只有这样，才有利于在长期投资中保持一种良好的心态。

第5章

选股的原则和方法

5.1　选股原则

投资者选股必须坚持原则，只有按照既定的原则来选股才不会在投资中迷失方向。投资者在股票投资中应坚持以下几大原则。

5.1.1　选择自己所熟悉的行业股票

绝大多数投资者都违反了这一条能力圈原则，表现为：本职是医生却不选医药行业股票，而喜欢买军工、新能源等自己不了解的行业股票；自己做酒类销售却不去买酒类股票，而喜欢买石油、银行等自己不懂的上市公司的股票。

例如，三一重工的一位员工在2021年看到公司股票大涨才想起买三一重工的股票，结果不久就被套了，于是四处询问："三一重工是不是要破产了？"这样的投资者是捧着金饭碗要饭，有着便利的调研渠道却不知道利用。相比于外部投资者，本公司员工能看到行业报刊、制度、公告、规划等内部资料，能比较容易地接触到公司的基层领导和其他员工，了解一下公司当前的销售情况肯定不是什么难事。

我在1996年进入股市，当时我只买石化行业的股票，因为我当时在石化行业工作。虽然我当时在石化行业只是一个普通的员工，但是我很关心公司和行业的现状、前景等问题，对本公司的盈利模式、企业文化、管理制度等也有着切身的体会。我经常阅读行业内部报刊，了解国内外经济对石化行业的影响，思考公司存在的问题，以及如何解决才能让公司的业绩更好等，我敢说券商机构的石化行业研究员都没有我更懂本公司的基本面。我当时买了几次上海石化、中国石化都赚到了钱。当它们的股价大跌而导致其他股民"割肉"时，我却敢于买入而且能拿得住，因为我知道它们的业绩非常好而且稳定，第二年的业绩也不会差。当它们的股价大涨翻倍，很多股民追涨时，我却勇于逆势抛出，因为我知道它们的业绩不可能在几个月或一两年内大增，上海石化和中国石化不是有业绩爆发力的公司，没有必要过度看好它们。可惜好景不长，在学习了技术分析后，我就不这样做了，我买了很多自己不了解的公司的股票，然后就走上了股票投资的亏损之路。

5.1.2　选择龙头公司股票

什么样的股票最适合长期投资？行业龙头公司的股票最适合长期投资。

行业龙头公司大多有着悠久的发展历史和良好的企业文化，市场规模较大，在同行业竞争中占据较大的优势，它们未来很容易实现强者恒强的竞争态势，业绩大概率会持续增长。成熟的股票投资者都很注重投资的"成功概率"。价值投资者只投资于"大概率业绩能持续发展"的公司，巴菲特就是这方面的典型。巴菲特喜欢买行业龙头公司的股票，也就是所谓的"买大不买小""买老不买新""买一不买二"。

"买大不买小"是指主要买行业龙头公司的股票，一般不买小公司的股票，因为对小公司的股票进行长期投资风险太大，小公司的发展前景很模糊。投资就是做大概率的事情，没有必要投资于未来发展确定性不高的公司。小公司虽然成长性很高，但是风险也很大，大多不适合长期投资。

"买老不买新"就是买那些经过长期历史考验的老公司的股票。这些公司在悠久的历史中证明了自己的经营得力和管理层的优秀，并且有着长期的公司诚信记录。

"买一不买二"是指在一个行业中排名第一的公司往往占有最大的市场份额，排名第二、第三的公司最终有可能会沦为平凡的公司，只有业绩最好的公司才会在未来有更大的概率继续跑在前面。

巴菲特的这三个选股原则都是从投资成功率的角度考虑的。很多投资者与之相反，他们更喜欢买行业里的普通公司的股票。这些股票背后的上市公司大多在行业竞争中处于被动地位,甚至处于被同行排挤、打压的恶劣竞争环境中,在财务报表上表现为营业收入或毛利率处于行业中下游或多年业绩呈现不断下滑之势。

大多数投资者都相信奇迹,认为自己有这个能力和运气,能从垃圾堆里寻找到钻石。他们认为这些普通公司未来可能会重组或经过管理层的改革后业绩大增,进而引发股价暴涨。这显然违反了投资的高胜率原则。上市公司华丽转身,乌鸦变凤凰的毕竟只是少数,在股票投资中选择这样的上市公司最终的胜率很低,反而失败的概率极大。

那些当前在行业内有强大品牌效应、行业处于上升期、公司技术有壁垒、市场占有率高、公司成长性强、前景大概率一片光明的上市公司的股票才是投资者明智的选择。反之,那些行业前景不明朗、公司自身发展充满不确定性、公司当前遇到困难的上市公司的股票,是投资者应该敬而远之的。大多数投资者选股不懂得"投资就要投市场里最好的股票",比较好、还不错、还行,这类股票其实是不值得投资的,因为投资它们的胜率没有投资最优秀的公司胜率高。

5.1.3 行业赛道原则

从行业的发展角度来进行选股,有些行业更适合长期投资,有些行业就不太适合长期投资。

适合长期投资的行业有消费、医药、高科技等。医药行业是一个牛股频出的行业,一家优秀的医药公司其业绩可以连续增长几十年,并且医药行业受经济周期的影响很小,股价波动幅度相对于周期行业股票也很小。在消费行业里,像饮料、食品等无论经济好坏投资者都必须消费,也容易出现几十年持续上涨的大牛股。

人工智能、5G、新能源、云计算、新材料等新兴的高科技行业未来大概率会出现超级大牛股。高科技行业发展迅速,公司业绩能迅猛增长,加上产品扩张复制能力强,规模效益高,业绩爆发导致股价暴涨,股价上涨十倍、百倍都是很有可能的。

还有一些新兴产业，比如养老保健、生物工程、线上医疗等发展前景广阔的新兴产业，由于顺应了时代的发展主流，必将涌现出一批业绩迅猛增长的公司，这类公司的股票肯定会成为长线牛股。

不适合长期投资的行业有周期性行业、夕阳行业、国家政策限制的行业等，这里就不一一介绍了。

5.1.4　竞争优势原则

适合长期投资的股票是那种竞争对手很难复制它的竞争优势的上市公司的股票。比如长江电力占据世界上最好的水利资源，其他公司无法复制；海螺水泥占据长三角地带最适合水泥产销的地方，并且公司拥有成本低廉的矿山；贵州茅台、五粮液的品牌形象早已深入消费者的心中；片仔癀和云南白药的配方是国家永久保密级别的，拥有其他中药公司所不具备的最高级别专利优势。

类似这样的公司竞争优势非常牢固，拥有巴菲特所说的"很深的护城河"。这样的公司业绩容易持续增长，因此，投资它们的成功概率较大。在A股市场上还有不少与它们类似的具有强大竞争优势的公司分布在各行各业中。

5.1.5　成长周期原则

任何一个行业都有自己的萌芽、成长、鼎盛、衰退的周期。消费、新能源、生物医药等行业当前正处于行业周期的成长发展阶段，这时投资者进行投资就能在未来收获惊人的回报。而钢笔、自行车、相机这样的行业早已走过了自己的高速发展时期，当前已进入行业周期的衰退阶段，投资者长期投资这类行业上市公司的股票，显然是很难获得超预期收益的。

因此，投资者在选股时首先要考虑这家公司当前处于行业周期的哪个阶段。应该只投资行业处于成长或鼎盛时期的上市公司的股票，远离行业处于萌芽或衰退时期的上市公司的股票。

5.1.6　盈利模式原则

不同的行业、不同的公司有着不同的盈利模式，按理说这些盈利模式应各有优缺点，并没有好坏之分，但是，在不同的经济发展时期和特定的经济环境下，盈利模式会出现优劣之分。有的行业、公司的盈利模式在特定的经济环境下更容易实现业绩长盛不衰。投资者在选股时要选择那些在当前有较好盈利模式的行业或公司，这样才能使股票投资更容易取得成功。

例如，同样是传统行业，为什么现在白酒股比银行股的估值高三五倍？因为在当今的经济环境下，银行业的盈利模式相对不好。银行业的盈利模式是借钱经营，就如同融资炒股一样，风险很大。借鸡生蛋，借钱来赚钱，实际上就是高杠杆经营。通过借钱经营，在经营时放大了10倍甚至100倍的利润，同时也放大了10倍甚至100倍的风险。就如炒期货一样，一旦亏损略大就可能爆仓，导致血本无归。特别是在当前全球经济不景气，不少企业破产，银行有大量坏账的隐患下，投资者很容易对银行业有较低的投资预期。目前，大多数银行股在A股市场上的市盈率都较低，只有极少数经营优秀的银行类上市公司的股票估值略高一些。

白酒企业的盈利模式则完全不同。在当今消费升级的大趋势下，白酒行业有着很强的竞争优势。

1. 经营无杠杆风险

一线名酒上市公司都不差钱，一般是自己有多少钱就做多少生意，不用借钱经营。一瓶酒的成本为9元，能卖上100元，毛利极高。即使这100元一瓶的酒卖出去，没有收到钱，白酒公司的损失也不过是9元的成本。而银行贷出100元如果收不回来，那么至少损失100元的本金。白酒行业是真正的本小利大，终端大多为个人消费者，一手交钱一手交货，基本上没有收不回钱款的风险。

2. 一线白酒公司有提价权

一线白酒公司都有提价权，经常通过提价带动公司业绩大增。A股大多数行业龙头公司的提价权都表现得较弱,很多行业龙头公司因受行业产品同质化影响或政策管制而根本没有提价权。高档白酒则不同,随着消费升级,人们的消费能力提升,高档白酒的价格有不断上行的趋势。

3. 风俗和社交优势

喝白酒是我国千百年来的一种文化风俗,在重要的会议或会面上白酒是必需品,而且越是高档的白酒越能显示出会面的隆重。这种高档白酒的社交优势是绝大多数其他行业的产品所没有的。

4. 成瘾性

现在有人说:"人们以后会重视健康,会不喝白酒,未来白酒行业会衰退。"其实,20年前也有不少人这么说过,现在的实际情况是一线白酒的销售价格翻倍,A股白酒行业的股价也涨了很多倍。原因就是想戒酒不是那么容易的事情,想改掉重大场合喝白酒的风俗也绝非易事。

白酒行业的盈利模式在当今的经济环境下凸显其发展优势,因此成为众多基金经理重仓投资的目标。

5.2 选股方法

在投资实践中,长线选股的方法多种多样,我认为,投资者在选股前应做好自身的定位——明确自己是专业投资者还是普通投资者,根据自身的投资水平选取不同的选股方法。

5.2.1 专业投资者的选股方法

什么是专业投资者的选股方法?就是投资者以专业精神,花费大量的时间和精力专注于研究上市公司。专业的选股包括阅读上市公司年报和相关研究报告,了解公司在行业中的盈利模式和行业实力等基本面内容,学习有关公司产品内容的书籍、音像资料等，亲身体验公司的产品，甚至到上市公司进行调研，这些都要花费几个月甚至几年的时间才能达到较为满意的效果。

1. 花费大量的时间去分析研究上市公司

作为一名专业投资者，必须在分析研究上市公司上投入大量的时间和精力，包括阅读大量的资料、实地调研、深度分析公司的发展前景等。

例如，多年前，我在投资一家医药公司的股票之前，阅读了不少的医药相关书籍来研究该公司产品的性能、功效及在当前国际、国内同类产品中处于何种地位。枯燥的医药术语和烦琐的药品分类让普通投资者在研究中很容易望而却步。研究一家公司必须了解它的产品，知道它的技术优势和行业地位，否则就很难有信心长期持股。经过大量的阅读，我终于弄明白这家公司的主打产品是当前世界上一种先进的治疗多种恶性肿瘤的创新药，并且在国内处于研发的领先地位。这样的基础认知是在阅读了大量资料后才得来的，我前前后后分析和思考了几个月，才对这家医药公司有了一定的认知。这样的认知使我敢于在当年这家公司业绩较差、市盈率高达60倍时坚决买入，最终在耐心持有一年后获利1倍卖出。

2019年，我在买入三一重工这只股票之前，不但阅读了大量相关的研究报告，并且还到销售机械设备的一些网点去看三一重工产品的销售情况，到城市周边去观察路桥建设施工的情况，知道了城市化建设正在大力进行中。最终我对三一重工的实力有了较为清楚的了解，在三一重工这只股票上获得了翻倍的收益。

2. 通过多种渠道来获得相关上市公司的信息

绝大多数投资者通过行情交易软件的【F10】来阅读上市公司的简要数据和基本面信息，这样很难在激烈竞争的投资环境中获得优势。专业投资者主要通过Wind、iFind、Bloomberg等专业平台获取信息，这些平台搜罗和整理了大量的行业、上市公司、基金、大宗商品等相关金融数据。

还有统计局、海关、各地政府的官方网站，行业网站、上市公司的官方网站等也是专业投资者获取信息的渠道。图书馆是适合借阅专业书籍和历史资料的地方，例如，专业投资者要研究一家养猪行业的上市公司，就适合去图书馆寻找养猪方面的书籍，包括养猪行业发展、养猪技术、猪病防治等，这些系统的资料在书店和网络平台上寻找的难度可能很大。

上市公司的年报、机构研报是专业投资者必看的内容，对相关的财经新闻也要高度关注。专业投资者还会通过电话咨询、试用公司产品、实地调研等渠道对上市公司进行分析研究。

3. 通过个人阅历来分析上市公司

价值投资的实质是实体投资，投资股票就是投资其背后的上市公司。因此，投资者需要有一定的实体经营阅历，才能真正理解并看懂上市公司。例如，A是某家大型企业的会计，我一度以为她看财务报表是小儿科，在股票投资中会有一些优势，实际上，她直到退出股市那天共亏损了70%的资金。

为什么绝大多数财务人员投资股票会亏损，看不出有一点儿基本面分析优势？他们不是有阅读分析财务报表的优势吗？这个问题在我真正搞懂价值投资以后才明白——他们没有经营管理企业的经验，不能从经营企业的角度来分析上市公司，他们看到的只是财务数字，距离企业的实体经营还有很大的差距。

那么，应当怎样分析一家公司的基本面呢？下面讲一个小故事。

老王开办了一家砖厂，两年后砖厂生意陷入了低谷，不少以每股5元买入砖厂股份的人都后悔了，他们想退股，但是，现在想入股砖厂的人只愿意以每股3元的价格入股。有的人看砖厂当前的形势不好，怕亏得更多，赔钱卖掉了股份。当前，入股老王砖厂的价格就是每股3元。这时，老唐出现了，老唐以前办过砖厂，他认真地分析了老王砖厂陷入困境的原因，他对老王的经营能力比较认可。老唐分析红砖市场的前景，他凭自己过往的经营经验认为砖厂的未来经营十有八九能好转。他通过估算未来三五年老王砖厂的收入和利润情况，以及当前和未来的市场需求，最终得出的结论是现在以每股3元的价格入股砖厂是非常合算的，三五年后砖厂赚钱的可能性极大。于是，他找到卖家，以每股3元的价格买了老王砖厂的股份。

两年后，老王砖厂的生意火爆，投资者想得到老王砖厂的股份需要花费9元1股。这时老唐对砖厂的经营环境和竞争对手以及自身的实力等进行了认真分析，他认为砖厂当前的经营火爆不可能持续。经过估算，他认为老王砖厂每股最多也就值7元，高于这个价格入股，在五年内是很难通过砖厂的经营赚到钱的。于是老唐以每股9元卖出了自己的股份，不再当老王砖厂的股东了。果然不久，老王砖厂的生意就平淡不少。投资者一看老王砖厂的生意没那么火爆了，就开始抛售股份，股价跌到每股6元。

在砖厂入股的事情上，老唐凭借自己经营过砖厂的阅历优势，对砖厂的经营进行了分析，他所做的就是价值投资的基本面分析。而其他入股者大多因不懂企业经营而陷于盲目投资的境地。老唐是以老板的视角、从自己经营这家公司的角度来思考公司的发展问题的，由于他有经营阅历，因此，他对企业的发展判断得比较准确。这就是专业水平的投资。投资者最好以有个人经营或工作阅历的行业作为自己的选股方向，这样对行业和上市公司的研究才会事半功倍。

5.2.2 普通投资者的选股方法

普通投资者没有时间和精力深入研究上市公司，也没有专业投资者那么强的投资能力，但是普通投资者同样可以通过一定的方法用较少的时间和精力获得相对满意的投资结果。主要有以下三种选股方法。

1. 选市值

上市公司的市值可以作为衡量股票好坏的一个标准，对普通投资者的选股具有一定的参考意义。普通投资者至少可以通过"市值"过滤掉大部分垃圾公司。从投资房地产的角度就能很容易地理解市值分析在股票投资中的作用。

选房有一个简单、高效的标准，只要选择总价较高的房产就基本没有什么大问题。"以价选房"是一种成功概率高且省心、省力的方法。以我所在的四线城市为例，一套房子如果卖价不足50万元，那么这套房子十有八九算不上好房子。一般来说，50万元以下的房子肯定会有下列问题之一：面积不大、位置偏远、小区老旧、没有电梯等。70万元左右的房子在我们这样的四线城市里只能算中等的层次，位置、物业等都处于中游水平。

真正好一些的房子至少要价100万元。花费200万元在我们这里可以买到一栋相当不错的小别墅，花费300万元在我们这里绝对可以买到一流的房子——周围环境优美、交通便利、物业水平高、房间布局合理等，房子的各个方面都近乎完美。

房地产市场早就给好房子标出了"好价格"，我们在选择房产时只要寻找那些"好价格"的房产一般不会出大错。

股票市场也是如此，市场早就给好公司、好股票标出了"好价格"。一家上市公司在同行业里够不够优秀，一般只要看它在本行业里的相对市值是大是小就足够了。股票市值大小代表了市场对这家上市公司的评分高低。一般来说，那些股票市值在50亿元以下的上市公司大都有问题，要么公司规模过小，要么公司业绩亏损，要么行业发展空间较小。

小市值公司的最大问题是面对行业巨头的压制，由小公司成长为大公司的难度较大，长期投资的成功概率较低。有的行业处于发展初期，行业龙头公司的市值较小，这样的行业处于群雄逐鹿的阶段，未来鹿死谁手很难判断。很多基金公司设立股票池的标准就是股票市值不能小于50亿元，这是有一定道理的。小公司不仅经营风险大，而且股票流动性也较差。

有的投资者会问："华为、腾讯、阿里巴巴不也是由小公司成长起来的吗？"事实是很多人只看到了华为、腾讯、阿里巴巴这样的公司由小公司成长为行业巨无霸，却没有注意到和它们同期成立的小公司绝大多数没有和它们一起成长起来，大多数已破产倒闭。小公司成长为大公司是一个小概率事件，最终经营失败反倒是一个大概率事件。

巴菲特选股的标准就是选大市值公司的股票,因为这样投资成功的概率较大。像苹果公司、可口可乐、美国运通等都是大市值的股票。这就像投资一二线城市黄金地段的房产一样,虽然付出的成本很高,但是未来资产增值的可能性也很大。

选股和选房的原则是相通的。股票的市值和房产的市场价格已基本表明了它们的基本面情况。在现实世界中找到格局、环境等都较好,价格还便宜的房子基本不可能,找到业绩优秀、发展前景较为确定且市值又小的好公司股票同样很困难。普通投资者由于缺少专业知识和时间进行分析研究,在市场里选出当前估值较低、发展前景确定的公司股票的成功率极低。对于普通投资者而言,最简单、有效的选股方法是买入市场公认的、在行业内市值较大的白马蓝筹股。这些基本面优秀、市值相对较大的白马蓝筹股在未来长期持续跑赢普通上市公司股票的概率极大。

2. 投资基金重仓股

基金的重仓股一般表明了基金经理对上市公司和行业的看法,正所谓"用钱来说话"。基金经理的背后有强大的研发团队的支持,他们选股的成功率明显要高于普通投资者选股的成功率。因此,基金的重仓股值得普通投资者关注。特别是一家上市公司的股票是上百家基金共同持有的重仓股,这更能表明这家上市公司被众多专业投资者肯定。一般来说,这样的上市公司基本面都会比较好,完全可以纳入普通投资者的自选股中进行长期观察。在一定时期内某些行业的股票被众多基金经理所持有,表明这些行业当前可能处于高景气的阶段或者行业估值相对较低。从长期来看,专业投资者选股的成功率明显要高于普通投资者选股的成功率,普通投资者抄袭基金经理作业的方法是可行的。但要注意,普通投资者不要在板块或个股行情过于火热时抄袭基金经理的作业,在行情低迷时投资基金重仓股才是较好的选择。

3. 一揽子选股法

所谓"一揽子选股法"，就像到菜市场里买菜一样，把看好的股票（菜）全部买进来。

对公司基本面洞悉如镜、取得准确及时的数据、看穿企业未来发展的投资能力，只有极少数优秀的专业投资者才可能具备。由于对上市公司和行业非常了解，优秀的专业投资者完全可以重仓两三只股票或一两个板块。而普通投资者由于无法对上市公司和行业有这么深度的研究，在选股时就要本着谨慎、分散的原则，不要有重仓押注一两只股票的行为，而应当多处押注，适当分散风险。

例如，普通投资者看好家电行业，但是由于其投资水平有限，调研能力也不强，不能确定家电行业里哪家上市公司在未来的发展会更出色。例如，普通投资者可能会认为美的、海尔、格力、苏泊尔都不错，这几家公司的股票未来都可能成为牛股，但无法评估出哪家公司未来的发展会更好。这时普通投资者完全可以把这四只股票全部买入，这样可以增大自己的选股成功率，避免放跑牛股。普通投资者如果只对家电行业有所了解，并不熟悉行业里具体公司的基本面情况，那么也可以投资家电行业或题材的基金。这也是一种间接的一揽子选股方法，即通过基金来选择一揽子股票。在选择行业板块时，普通投资者最好多选择几个行业板块的股票进行投资，这样可以在分散风险的同时加大自己选中未来热门板块的概率。

第6章

股票投资的买入原则及策略

6.1　股票投资的买入原则

投资者买入股票必须秉持一定的原则，并长期坚定这样的原则，如此才能获得长期稳定的投资回报。在这里主要介绍四大买入原则。

6.1.1　防控最大风险原则

所谓"最大风险"，就是最坏的投资环境，最差的投资结果。

首先，在买入股票前最重要的一件事是投资者要确定自己最大能承受多少亏损金额（幅度）。投资者应坚持采取相应的投资策略，使自己在投资中基本不会承受所不能承受的亏损金额（幅度）。

很多投资者在投资股票前都会激动地想："我能赚到多少钱？我的赚钱目标是什么？我大概多久能挣到钱？"很少有投资者会认真、冷静地思考："我大概可能会亏多少钱？我能承受多大金额的亏损？如果被套了，我应当怎么办？"

在买入股票之前能够周密考虑风险的人往往更成熟，也更容易赚到钱，因为他们有明确的心理预期，更能承受风险，更有耐心去等待盈利的到来。在买入股票前先认真考虑自己的风险承受能力，这是投资者在股市中立于不败之地的基础。

绝大多数投资者在买入股票前不愿意过多考虑"亏钱怎么办"的问题，往往一厢情愿地认为"亏损后拿住不放，早晚会涨回来"。但是，亏损后拿住股票真的能早晚涨回来吗？大多数人在买入股票前都没有认真思考过这个问题。有的人甚至借贷炒股，根本就没有好好想想一旦亏钱，自己能否还得起债务。承受过大的风险，是股民投资失败的主要原因。

其次，需要考虑自己大概能承受多长时间的亏损。比如投资者要买一只钢铁股，在买入前应思考：钢铁行业属于周期性行业，现在是否为行业的低谷？等到行业周期的高点也许需要三五年以上，这么长时间我是否有耐心等待？我的资金能否有三五年的闲置时间不必动用？实际上，投资者买入的每只股票在理论上都有亏损50%以上和套牢三五年以上的风险。个股风险和系统风险始终在市场里徘徊，它们随时可能降落在投资者身上。投资者在买入股票前一定要认真考虑最差的投资环境和投资结果，并做好相应的投资部署，如此，才能在未来的风险来临时不至于惊慌失措。

例如，投资者非常看好一只畜牧行业的股票，在买入这只股票前就要先考虑最大风险有多大。比如，这家公司如果明年业绩大降，造成股价大跌40%以上，自己能否承受？未来这家公司如果被证实财务造假而股价崩盘，对自己造成的投资损失自己能否承受？股市行情如果持续大跌，带动公司股价随之大跌，自己是否做好了充足的准备？投资者在买入股票前要把这些最坏的投资结果都想清楚，再决定自己买不买或怎样买。理性的投资者可以选择放弃买入具体畜牧公司的股票，转而投资畜牧行业基金，或者仅少量投资畜牧行业股票，或者同时配置多个行业的股票以分散投资畜牧行业股票的风险。这样就可以在不失去投资畜牧行业机会的前提下，尽可能地防范过大的投资风险。为了更好地应对长期被套的风险，投资者选择保留一部分资金以备补仓，或者进行股票以外的资产配置以分散股票投资所带来的风险，这就是防范最大风险原则的实际应用。

6.1.2　未来视角原则

投资者的买入着眼点应是未来的行业和公司发展情况，而非眼下的行业和公司基本面好坏。投资者要考虑10年、20年以后这些公司大概会变成什么样子。如果投资者不考虑清楚股票背后公司的长远发展情况，就很难树立坚定持有的信心，股价跌幅稍大一些，投资者就会想马上抛出。比如水泥行业，这个行业虽然不是时代的风口行业，但是从未来三五十年来看是不可替代的，没有什么材料能够真正替代水泥，所以，这个行业从未来的角度来看还是一个很好的能够持续发展的行业。如果投资者在买入水泥行业股票前能意识到这一点，那么他就可以长时间坚定地持有水泥行业股票，并且在股市低迷时，还可以有信心增加部分仓位。

普通投资者在股票投资中最常见的错误是通过历史股价来判断当前股价是高还是低。

例如，一只股票一年前的价格是20元/股，现在的价格是40元/股，很多投资者会认为这只股票现在的价格过高。另一只股票一年前的价格是40元/股，现在的价格是10元/股，很多投资者会认为现在的价格太低了。

这种以历史价格为着眼点来判断当前股票价格高低的理念是绝对错误的。2019年，我写文章表示看好片仔癀、苏泊尔、安琪酵母等几家公司的发展前景，当时招来很多投资者的嘲讽。反对者的主要观点是：股价已经涨了好几倍，处于历史高位，还劝大家买入，真是居心不良。事实证明了一切，一年以后，这些股票开启了大涨模式，大多涨了两三倍。

"炒股票就是炒未来"，就是要看股票的未来价格会怎么样。以现在的股票价格和"未来的股票价格"进行比较，才是判断当前股票价格高低的唯一正确标准。一只股票的价格已经上涨几十倍甚至几百倍，只要判断出未来它的价格要比现在的价格高，那么现在看到的价格就不算高，现在的价格就处于低位区，就可以考虑投资。同理，一只股票的价格已经下跌90%，如果判断出它未来的价格比现在的价格还要低，那么就认为当前它的价格处于高价区，依然不值得投资。

大多数投资者并没有能力判断股价未来的走势，因为他们不懂得价值投资，没有能力分析上市公司的未来发展，当然不可能知道公司未来的股价大概率会高于还是低于现在的股价。他们往往本能地认为股价就像乒乓球在一只箱子里来回震荡，即股价涨多了就会跌回来，股价跌多了就会涨回去。

事实根本不是这样的。股价的涨跌从长期看来是与公司的业绩正相关的。业绩一直良好的公司股票，其股价可以一涨再涨，可以上涨成千上万倍。业绩一直表现很差的股票，其股价可以一跌再跌，直至退市。

判断股价高低的唯一原则就是拿未来的股票价格和现在的股票价格相比较。那么，如何判断未来的股票价格呢？方法是通过看年报、读研究报告、进行实地调研等途径，深入分析公司的未来发展趋势，最后做出公司发展前景的概率上的判断。例如，某投资者在2019年敢于在当时的历史高位附近且当日跌停板价位上以50元/股的价格买入比亚迪股票，原因是他阅读了比亚迪的年报，并认真研究了它的电动汽车技术，认为它的电动汽车技术在国内领先且技术全面，基于电动汽车是未来汽车发展方向的前提，得出未来公司的业绩极可能会大幅增长，从而带动股价会比现在的股价还要高很多的结论。他认为，相较于公司的未来长远发展，现在50元/股的股价是低位。有了这样的着眼于未来的思考，他才会在当时买入已上涨很多倍且处于历史高位的比亚迪股票。对于未来看得越远、越透彻，就越能准确判断出当前股价的高低。以未来时空为锚点，和现在的股票价格进行对比，这就是判断股票价格高低的真正法则。

6.1.3　一次性买够原则

根据我多年的投资经验，在股票投资中一次性买入比分批买入的效果更好，原因在于市场不一定能给投资者多次买入的机会。买入后不久股价可能会迅速上涨，投资者未必有低位买入足够金额股票的机会。例如，我在2022年4月末看中一只新能源股票，当时上证指数为2 800多点，如果采取分批买入的策略，在2 800多点建立第一批次的仓位，就会发现以后可能再也没有这样的低价机会了，第二天股价开始急速上涨且连续上涨几周。即使打算在夏天继续建仓，但是到了夏天股价依然没有跌到我认可的位置，也许明年夏天都不一定有适合建仓的时机。很多成熟股票投资者在建仓时经常会遇到这个问题——自己看中的股票由于一次性建仓过少，不久股价大涨，失去了继续建仓的机会。

趋势性投资著作《海龟交易法则》里看起来讲的是分批建仓，但实际上也是一次性买入。因为根据它的头寸建仓法则，只要当天品种涨幅较大，就会迅速把所有头寸用完。例如，当天黄金涨了8%，他在当天就会用尽三次加仓的份额，把应加的资金全部用完。

投资者买入一只股票的直接原因是预期未来股价会上涨，不可能明知股价未来要大跌，现在依然买入。所以，在"上涨的预期"下，必须尽可能地一次性买入足够的量。注意：这里说的"足够的量"不是指满仓一只股票或一个板块，可能是账户总资产的1/3，也可能是1/30，它是投资者根据自己的交易系统设定的合理的、可承受最大风险的前提下的买入量。当一次性买入了满意的足量仓位后，在一般情况下不需要第二次建仓，除非股价大幅下跌，给了投资者以更低的价格买入的机会。也就是说，分批建仓应当是被动的——出现了意外的股价大跌或由于当前缺少资金而导致买入量不够。

我的"一次性建仓"观点与"定投"的分批建仓观点看似是完全相悖的。具体原因如下：如果明明知道当前某个板块的估值虚高，为什么还要继续坚持定投加仓？这时进行"定投"只会增加投资者的持股、持基成本，并且可能会由于未来的行情下跌而导致资产损失。当看到股票、基金的估值虚高时，投资者就应当停止定投，甚至要减仓，这才是正确的选择。只有不懂估值高低的投资"小白"才会在这时继续盲目定投。同理，如果一个板块或一只股票明显已经处于低估状态，为什么不在这个宝贵的时刻多买一些？为什么要等下个月再机械地分批加仓？我认为，"定投"最适合股票和基金的投资"小白"，并不适合有一定投资水平的投资者。

6.1.4 长远方向原则

2022年，一位著名投资者表示强烈看空白酒行业，他主要的看空理由是当前一线白酒价格上涨的速度超过了居民的收入增长速度，换句话说，就是当前国内消费者因平均收入较低而无力购买一线白酒。

不妨先假设他的观点正确。那么，他的观点也不过是基于短期、中期的基本面情况提出的，并非一个基于10年、20年这样的长期视角思考后得出的结论。

如果把视线放得长远一些，就会得出完全相反的结论。在10年以后，随着消费能力的提高，一线白酒的购买力大大增强，一线白酒的业绩应当远超现在。从长远方向来看，一线白酒股票在当前绝对是值得买入和持有的。

从不同的视角对同一家公司进行分析会得出不同的投资判断，这涉及投资者在股票投资上是基于短、中期的视角来思考的，还是基于长期的视角来行动的，这时投资者需要回归投资的核心本质。股票投资的核心是"概率"，短、中期视角的决策和长期视角的决策哪个投资效果更好，必须看投资的成功概率。国内外大量的统计数据表明，基于长期视角进行的投资效果更好，投资的成功概率更高。持有基金或股票5年以上的盈利概率达到86%以上，持有10年的盈利概率是95%以上，持有一年的盈利概率只有60%左右，持有一个月的盈利概率只有50%左右。由此可以看出，在投资里基于长期视角进行长线投资最终实现盈利的概率要远大于基于短、中期视角的短、中线投资。这就是为什么投资要注重大方向，要保持长远视角，要看到5年甚至10年以后的原因。

在上面白酒的例子里，如果采用基于长期视角的买入或持有策略，那么，只要坚定持有，最终实现盈利的概率将会非常大。如果基于短、中期视角来预测今年或明年白酒的业绩，那么投资的成功概率相比长期投资将会大幅降低。

投资基金和股票5年、10年以上盈利概率较大的深层次原因是5年、10年、20年这么长的时间大多能覆盖宏观经济、行业、公司的发展周期。上市公司业绩的增长是股价上涨的根本动力，大多数优秀公司在5～10年以后业绩都会有明显的增长，股价受业绩带动会有较大的涨幅。这种业绩增长带动股价上涨的确定性是最大的，是股价上涨坚实的基础。

在股票投资中，如果没有树立在买入股票前要思考公司未来5年、10年发展情况的观念，就会比较短视，容易因为短、中期的偶发利空因素而抛掉长期向好的优秀上市公司的股票；同理，也会因为短、中期的偶发利好因素而买入从长期来看基本面很差的上市公司的股票。这样必然会沦为追涨杀跌的投机客，不利于提高投资者的长期投资业绩。"不谋万世者，不足谋一时"，股票投资建立长期视角非常重要,它是股票投资的基础。

例如,一位投资者买入一家生产激光设备的公司的股票,公司的一位大客户在它的营业收入里占比很重。这家大客户的总公司在美国,美国当前的经济形势不好,必然会影响这位大客户的订单,连带影响这家生产激光设备的公司的业绩。如果按照这个逻辑,那么投资者应该马上抛售该公司的股票。但是,这是一种基于公司短期变化的投机思维,并非价值投资者应有的长期投资逻辑。从长期来看,这家公司正在进行结构转型,未来这位美国大客户的订单比例会越来越小,对这家公司的影响会变小,从5年、10年来看,坚定持有这家有核心竞争力的生产激光设备的公司的股票是没有错的。

6.2 股票投资的买入策略

以合理的价格买入是盈利的基础,下面介绍几种常用的买入策略。

6.2.1 周期性策略

所谓周期性策略,就是利用行业周期进行投资的策略。绝大多数上市公司的业绩都会受到经济环境的影响,有着明显的周期波动,在行业周期的低谷阶段买入,在行业周期的高峰阶段卖出,是一种很好的投资策略。

以中石油为例,中石油的开采成本是相对固定的,其大多数产品售价受国际原油价格直接影响。因此,研究中石油的业绩就必须研究国际原油的价格走势。换句话说,可以认为国际油价的低点就是中石油的业绩低点和股价低点,国际油价的高点就是中石油的业绩高点和股价高点。国际油价近10年来的低位区域一直是40美元/桶以下,高位区域在75美元/桶以上。只要在国际油价为40美元/桶左右时以低吸中石油为主,在国际油价高于75美元/桶时以高抛中石油为主,就可以做到较好地利用国际油价的周期。

酱油、豆油行业的上市公司大多在2021年股价表现低迷，主要原因是这两个行业的原材料——大豆成本上升导致其业绩下降。我们只要关注全球大豆商品的走势，就可以对酱油、豆油行业公司的业绩及股价进行一定的预判。紫金矿业在2021年股票价格的大涨是因为近两年来国际铜价的大涨，投资者在2019年年初就可以通过多种因素的分析得知铜价的未来大概率走势，就可以最晚在2019年下半年发现买入时机。利尔化学这只股票在2021年的股价走势强劲是因为它的主打产品草铵膦售价大涨，投资者完全可以像分析中石油那样，对其主打产品草铵膦近几年和未来的行情走势进行研判，从而预估公司未来的业绩，做出投资的预判。

不仅是与大宗商品直接相关的行业有周期性的业绩变化，工程机械、造船、汽车等行业都有明显的周期性高峰和低谷。投资者应在行业的低谷时期进行投资，然后等待行业的高峰时期来临，进而进行分批抛售。

6.2.2　错杀策略

市场错杀是股票投资者的一个重大的投资机遇，能使投资者以较低的价格买到优秀公司的股票。优秀公司的股票价格在一般情况下都很高，投资者很难买在较低的价格，只有当股价大跌时投资者才有机会逢低买入。可是优秀公司的股票价格一旦下跌，投资者就会产生疑问：公司的股票价格是基本面发生本质性改变导致的下跌，还是基本面根基良好，只是暂时遭遇困境诱发市场非理性情绪导致的错杀？

如果股票是被错杀的，投资者就可以借机逢低买入，等待股价未来回归其应有价值后抛出获利。那么，如何判断股票是否被错杀呢？首先，投资者必须了解什么是"上市公司的核心价值"，上市公司的核心价值简单地说就是"产品被消费者（客户）需要或认可"。

例如，伊利股份的核心价值在于其产品——牛奶被消费者需要。如果有一天，消费者不再喝牛奶了，那么伊利股份的核心价值就毁灭了；长安汽车的核心价值在于生产汽车，如果有一天它生产的汽车不再被消费者需要，那么长安汽车的股票就是废纸一张。

对于一家上市公司而言，如果其"核心价值"并没有失去而股价却大幅下跌，这时就可能会发生股票的错杀。例如，十几年前伊利股份因为社会性事件而导致股价连续暴跌，这时投资者就要考虑以后投资者还会不会喝伊利的牛奶。如果投资者通过调查分析得出的结论是未来投资者依然会喝伊利的牛奶，那么伊利的"核心价值"并没有失去。当时伊利股份的股价大幅下跌，表明这极可能是一次错杀。如果投资者在当年抓住伊利股份被市场错杀的机会勇敢买入，那么持有到现在至少可以获得10倍的投资收益。又如，几年前中兴通讯因为被罚款而导致股价大跌，但是公司的产品依然是客户需要的，公司拥有大量的世界级专利，公司的核心价值依然存在。当时敢于在股价大跌后买入并勇于持有的投资者最终都赚了不少。再如，多年前华兰生物因为"两票制"的政策影响业绩大降而导致股价大跌，这时它就属于被错杀的股票，原因是公司的血制品依然是客户非常需要的产品，公司只要理顺销售渠道，业绩马上就可以提升，一年后，华兰生物的业绩提升，股价也随之上涨一倍多。

股票被错杀的原因众多，常见的有如下几种。

1. 上市公司的补贴减少或取消

我在2019年上半年看了记者采访巴菲特的一段视频，记者问巴菲特："为什么今年以来比亚迪的股价走势不好，您却依然持有？"巴菲特回答得很简单："比亚迪的股价近期不好是因为补贴被取消了。"巴菲特的言下之意就是比亚迪的核心竞争力和价值依然存在。当时A股比亚迪的股价只有每股50元，三年后股价已是每股300多元。很多优秀的上市公司平时都享受着政策补贴，如果有一天它们因为失去补贴而股价大跌，那么很可能会出现一次错杀机会，值得投资者关注。

2. 股票解禁造成的巨量减持

有的优秀上市公司股票解禁日来临,大量的原始股东急于抛售会造成股价大跌。但是,公司的业绩在当时并没有任何变化,公司的经营一切正常。这极有可能是一次错杀,在解禁日前后有可能有一次良好的买入机会。

3. 行业税费提高

白酒行业的股票就多次因为消费税的传言而股价大跌。一个行业的税收变化会对股价产生中期影响。

4. 销售渠道改变

前面说过,有些血制品上市公司因为"两票制"而股价一度大跌,但公司的核心价值并未失去,一两年后公司业绩复苏,股价大概率会大涨而且创出新高。近年来推出的"集采制"依然是一个销售渠道上的重大变化,它会导致一些优秀医药公司的股票被错杀。

5. 熊市

在熊市中,投资者对上市公司的业绩过于悲观,此时大多数公司的业绩都被低估,因而较容易找到错杀股的中、长线投资时机。

6. 行业低谷

很多行业都有发展的低谷期,无论是汽车、家电还是养猪行业都是如此。在行业低谷期,很多公司的前景都被市场过于看空而导致股票被错杀。

7. 自然灾害

疫情对旅游业、养殖业、零售业的影响,地震、暴雨、火山等造成所在区域上市公司的暂时性损失,这些情况都可能造成上市公司业绩的暂时性下滑,导致被市场非理性投资者抛售而出现股票被错杀。

8. 大股东问题造成公司出现经营困境

如大股东挪用公司资金造成公司经营困难、大股东盲目多元化造成上市公司业绩困境等。只要大股东知错能改,回归主业、归还资金或更换新的大股东,造成公司困境的原因消失，公司在未来就有可能走出困境。

9. 其他

其他一切没有危害到公司核心价值的暂时利空事件都可能导致股票被错杀。

6.2.3 低吸策略

低吸策略是在股价下跌中或市场无人问津时寻找买入机会，而不是追涨热点概念。在进行低吸时要注意以下三点。

1. 股票低吸的市场时机

在股市中进行低吸的关键是要注意市场行情的运行环境。也就是说，要在行情低迷的时候进行低吸，甚至要在熊市时进行低吸。在行情热点纷呈、市场人气激发、牛市行情展开时不要进行所谓的"低吸"。

在熊市时或者利空消息导致股价暴跌引发恐慌气氛时，是最适合低吸的。

如果没有这种利空暴跌环境，也需要在没有任何利好或消息朦胧时进行低吸。绝不能在牛市氛围环境明显、热点板块形成共识的状态下进行低吸。

例如，有一位投资者在牛市达到5 000点、市场人声鼎沸时进行所谓的"低吸"。几天后，股价崩盘，他不但没有赚到钱，反而亏了70%。这是因为他错误地在"牛市环境明显"的氛围中进行了"低吸"。又如，在2015年牛市末期，有一位基金经理低吸当时市场上涨幅相对落后的行业股票。他认为涨幅小的股票，未来的跌幅也会小。实际上并非如此，几天后，股市大跌，他手中低吸的股票跌幅一点儿也不比那些热点板块的股票跌幅小。他和前面那位投资者犯了相同的错误，都是在牛市环境、市场人气旺盛时进行了"低吸"。牛市就是泡沫市，在这样的氛围下绝大多数股票的估值都过高，并且当牛市结束时，市场里的股票泥沙俱下，即使估值并不高的板块股票也会受熊市氛围影响而跟随市场大跌。

2. 股票低吸的目标

很多股民常犯的一个低吸错误是买入股价在10元/股甚至5元/股以下的股

票,他们认为低价股的风险更小。这是一种错误的投资选择。不能以股价高低作为标准,应当以上市公司未来的业绩发展为第一导向。比如一家汽车类上市公司当前的股价为40元/股,业绩亏损导致公司股价大跌。这时如果投资者能分析判断出这家公司未来能大概率扭亏为盈,就应当在这家公司股价大跌时买入。这种以业绩发展为标准的低吸才是正确的低吸。这只股票当前的股价虽然已高达40元/股,但是未来业绩扭亏为盈后的股价依然可能会翻倍,甚至上涨数倍。

特别是在熊市中,投资者要选择行业龙头公司的股票或者白马蓝筹股进行逢低买入。买入这样的股票风险较小,未来能够较大概率获得丰厚的投资收益。这就是所谓的"选时要选大熊市,选股要选白马股"。只要公司的发展前景向好,当前每股价格无论是几元还是几十元、几百元都不是问题,都可以大胆买入。

3. 低吸的执行

行情从本质上来看是不可预测的,即使投资者做到熊市低吸白马股,也有可能事后发现自己低吸在行情的半山腰。平日里上市公司突发重大利空也很容易把投资者重度套牢,因此,投资者必须加强风险管理。在低吸的执行过程中最应重视的就是低吸的环境,无任何利好消息甚至利空重重、非市场热点、消息朦胧等不被市场关注的环境才是投资者低吸的大好时机。

此外,投资者要建立股票组合并合理进行仓位配置,要投资多只股票形成风险对冲,不要把所有资金都买入一两只股票。如果投资者手里的股票超过10只,那么即使其中的一两只股票发生了问题,导致股价大跌,由于占比较小,对投资者的整体投资收益影响也会很小。

6.2.4　熊市投资策略

在熊市中,一般来说投资者很难赚到钱,因为熊市中大多数股票的价格都在下跌,只有个别股票的价格上涨,而且价格上涨的股票大多为一日游行情,即上涨时间很短暂,调整时间较为漫长。

在熊市这种以整体市场股票调整为主的行情中，怎样才能赚到钱呢？有以下几种办法。

一是把视野放到全球，布局全世界其他市场。例如，某年A股市场可能是熊市，但是有的国家的股票市场却是牛市；或者全球股市是熊市，但是黄金、原油市场是牛市。投资者可以把资金投入那些处在牛市中的其他市场，在全球范围内追寻那些有明显牛市特点的市场。如果投资者的交易系统是趋势交易系统，那么一定要有这种策略，一定要把自己的资金分布到多个产品或多个市场中去。只要其中少数的产品或市场中有牛市趋势，趋势交易就能够赚大钱。市场经常是强者恒强，这种状态经常会保持1～2年的时间，追随趋势有时是一种正确的选择。

二是利用金融衍生品。股指期货和期权交易在股市下跌时也可以令投资者赚到钱。因此，在熊市中可以适当使用这些衍生金融工具对冲投资的风险。追求稳健收益的投资者可以投资可转债，我国可转债的投资风险相对较小，一般来说只要在可转债的面值附近买入并长期持有，最终获得投资收益的概率会达到90%以上。可转债是一种进可攻、退可守的金融品种，可作为股票投资的一种补充。

三是进行价值投资。熊市给予投资者一个以较低的价格买入优秀公司股票的大好时机。价值投资者利用熊市机遇，买入"物美价廉"的股票后长期坚定持有（在公司基本面没有发生重大变化的前提下），在未来的牛市泡沫中再慢慢减持，这种投资方法是十分安全、有效的。但是，普通投资者经常被熊市环境感染，在熊市中一般都不敢大举投资。普通投资者大多没有专业的选股能力，可以分批买入被动式指数基金。被动式指数基金基本同步于大盘指数行情或行业板块，买入被动式指数基金相当于投资国家的长期经济发展趋势。从长期来看，世界和我国的经济会不断向上，从而带动被动式指数基金的净值长期上涨。

第7章

股票投资的卖出原则及策略

7.1 股票投资的卖出原则

股票投资的卖出必须有可执行的原则，投资者只有按照这些原则去执行卖出决策，长期下来才有可能获得丰厚的投资回报。股票投资的卖出原则主要有如下几个。

7.1.1 承受力原则

在市面上有很多种卖出的办法，投资者往往无所适从。以止损卖出为例，止损主要有空间止损和时间止损两大类，空间止损又分幅度止损和金额止损，幅度止损又可以分为好几种止损类型。有些投资者会问："具体应用哪种方法或策略进行止损比较好呢？"

1. 止损是"个体化"的问题

实际上这个问题并没有一个统一的、明确的答案。投资实际上是一件很个性化的事情，投资方法必须因人而异。经常有投资者问我某只股票现在是否应当卖出，我都无法做出回答。因为卖出股票并没有统一的标准。同一个时间，同一只股票，有的人可能会卖出，有的人可能会继续持有。

为什么会这样呢？首先，不同投资者对风险的心理承受能力不同。有的人在投资中哪怕只亏损了100元，晚上都会睡不好觉；有的人在亏损500万元以后，却依然能够谈笑风生。亏损多少才可以考虑止损，这是一个因人而异的问题，没有统一的标准。其次，交易系统的承受能力不同。短线交易的交易系统本身决定了其每次交易的止损幅度或金额很小，很多专业做短线交易的人，只允许每次交易亏损不超过账户总资产的3%；做中线交易的人一两个月甚至六个月以上才交易一次，10%的亏损幅度一般作为他们的止损卖出点，或者跌穿中期技术指标投资者才进行止损；长期价值投资的投资者有可能股票总资产亏损50%都不进行止损，因为他们是以企业的基本面或企业的发展前景作为止损的核心的，只有企业发展前景变差，他们才会止损。有的专业投资者会采用时间止损的方法进行卖出，那么当他的交易中可能还没有出现浮亏甚至收益尚为正数时就开始卖出了，因为这种卖出方法是在具体的时间点发出卖出指令的，与当前是否处于浮亏和盈利状态无关。

上面讲的例子是假设投资者只持有一两只股票，没有建立股票组合的情况。如果投资者建立了股票组合，进行了多品类的资产配置，那么由于交易体系发生了重大变化，止损的方式就会发生很大的变化。即使做短线交易，由于持有的股票数量较多，那么止损的空间和时间就会明显变大，对单只股票亏损的承受力就会明显变大。可能单只股票即使亏损了20%以上，却依然可以持有观望。所以，亏损达到什么程度才可以卖出止损是一件很复杂的事情，既和自己的主观心理承受能力、投资信仰有关，也和交易系统及具体的资金管理方案等因素相关。

2. 承受力原则的执行

首先，投资者要根据自己的投资体系和心理承受能力设定适合自己的止损金额。比如投资者持有10万元资金进行中线投资，那么一般股票总资产亏损10%就要进行止损。但是，10%即1万元的损失可能是一部分投资者内心难以承受的，不少投资者可能在亏损金额达到5 000元时就心跳加速了。这些投资者如果机械地执行这样的卖出原则，勉强坚持到浮亏1万元再进行止损，那么在这个过程中他们将会非常痛苦，长此以往肯定会危害他们的身心健康，并且他们在投资中也很难坚持执行这样的卖出原则。投资者应把自己的心理承受极限放在首位，按照自己的心理承受能力来进行止损。有的投资者说："我亏损200元都痛苦不堪。"这样的投资者不适合做股票投资，应做低风险理财，比如办理存款或投资货币基金。股票投资只适合风险承受能力较强的人。如果投资者的经济实力超强或心理素质过硬,亏损几十万元甚至上百万元都如微风拂过,那么这样的投资者可以按照常规使用浮亏10%作为止损卖出点。

其次,投资者还要考虑投资体系或交易系统的承受力。投资者不但要考虑自己的心理承受能力,还要考虑自己的交易系统是否能够承受。例如,自己的心理完全不畏惧一次投资亏损10%,但是自己的投资方法却承受不了一次交易亏损10%。自己的投资方法有一定概率会出现连续亏损,如果使用浮亏10%进行止损的方法,有可能最终会使我们的本金损失较大,很难在市场中实现稳定获利。

这时,投资者就要调整自己的投资体系或交易系统,使之既能适应投资者的心理承受能力,又能防范、控制本金损失过大的风险。比如采用分散投资、分批买入(卖出)或仓位控制等方法,防止出现交易系统连续交易造成本金损失过大的情况,从而使自己能长久在股市里立于不败之地。

7.1.2　估值原则

估值原则就是投资者通过计算上市公司的合理估值,以合理估值低于当前市值或高于当前市值进行买入和卖出的原则。

当得出公司估值目前在合理范围内的结论时,就应当坚守股票。无论当前已赚了几倍的收益,还是处于浮亏之中,这时都要以持股为主。如果发现当前股价上涨速度过快,已透支了未来几年的业绩,公司的股价已超出公司当前的合理估值,就需要减持部分股票,甚至清仓所有股票。在估值原则里要注意,最好应用自由现金流贴现模型进行股票估值,要注重上市公司的存续时间和业绩增长的成长性、确定性分析。利用市盈率方法估值虽然简单,但是在很多时候具有局限性,一些行业和公司不适合用市盈率来估值。

7.1.3　去弱留强原则

投资者经常遇到这种情况:手里持有多只股票,其中有的股票已经赚钱了,有的股票还亏着钱,在这种情况下,应该卖出哪只股票呢?

1. 去弱留强原则的优点

在这种情况下,大多数投资者会选择卖出已经赚钱的股票,留下亏钱的股票等待它们未来上涨。他们这么做的原因是卖掉处于浮亏状态的股票会坐实自己的亏损,而已上涨的股票因为涨幅大,在未来有可能下跌的概率较大,并且当前已经获利,卖出只是赚多赚少的问题。普通投资者大多数是这样交易的。实际上,让投资者赚到钱的股票大多数是业绩良好或属于当前市场热点的股票,在卖出以后,它们可能会继续上涨,甚至不久大涨翻倍。而让投资者长时间处于亏损状态的股票大多数是公司基本面出现了问题或属于当前市场冷门的股票,后市很有可能会继续大跌,甚至有的公司未来会摘牌退市。所以,正确的卖股套路应当是"去弱留强"——留下让投资者赚到钱的、当前处于盈利状态的股票,卖掉让投资者亏损的股票。

这就像要招聘两个业务员,二选一,要淘汰一个。必须留下业务能力强、能带来较多收入的业务员,淘汰业务能力差、给公司增加成本的业务员。在股票投资中,卖掉当前浮亏的股票、留下已获利的股票实际上是更好的选择。没有一种投资策略能适合所有的局面,"去弱留强"策略也只适合多数情况,并不适合所有的投资。

2. 去弱留强原则的本质

前面说的其实只是表象,从更深的层次来看,不能仅从当前所持有的股票的盈亏来选择卖出哪只股票。

例如,投资者手中有5只股票,其中一只股票目前浮亏超过40%,但是几个月以后它居然大涨了三四倍!如果应用"去弱留强"的原则卖掉它,就不会赚到后面三四倍的投资收益。个股的行情走势在当前是强还是弱,其实只是一个表相,股票背后的上市公司基本面是强还是弱才是本质。

为什么一只曾经令投资者浮亏40%的股票后来会大涨三四倍？因为它的基本面发生了重大变化。例如，它突然公告扭亏为盈或者有了新的令投资者惊喜的业务，因而股价大涨。实际上，上面讲的卖掉当前亏损的股票、留下目前盈利的股票，这种去弱留强原则的本质也是留未来基本面强的股票、去未来基本面弱的股票。当前的股票盈亏只是表象。从更本质的层面来看，实际上抛售哪只股票、留下哪只股票不能看这只股票当前是亏损了，还是赚钱了。

还是回到上面那个业务员的例子。假如我们是老板，手下有两个业务员，一个业务员当前为公司赚到了钱，另一个业务员当前没有为公司赚到钱。如果当前为公司赚到钱的业务员，其业务能力并不强，也没有进取心，只不过依靠几个有钱的亲朋好友的帮助而暂时业绩表现良好，那么这样的业务员公司没有必要长期留用，这在价值投资上属于基本面平淡。如果当前没有给公司赚到钱的业务员，其为人务实，且热爱业务、肯学习，那么公司当然不能轻易开除他，也许他在未来能给公司带来惊喜，这在价值投资上属于基本面的前景良好。

因此，对于有深入的基本面分析能力的投资者而言，无须看所持股票当前的涨跌和给自己带来的盈亏，只需要通过关注公司的未来基本面来决定是否可以继续持有某只股票。对于广大没有基本面分析能力的投资者而言，只能采用根据当前的股票盈亏来做卖出决策的"去弱留强"原则了。虽然它不是股票投资的根本，但总体来说，它比"卖掉赚钱的股票，死扛亏钱的股票"的策略要好。

7.2 股票投资的卖出策略

很多投资者在股票投资中"卖出怕涨，买入怕跌"，表现为犹豫不决。投资者之所以有这种心理，是因为他们不懂得如何在股票投资中运用策略。什么叫策略？策略就是取舍，也就是通过舍弃什么而获得什么。投资者在股票投资中必须有这样的"取舍"意识才行，这就是衡量轻重、缓急。投资股票必须衡量每次投资的风险和利益的得失，舍弃相对自己而言次要的东西，去更好地把握自己认为核心的东西。

股票投资中的卖出策略主要有以下几种。

7.2.1　固定金额（幅度）止盈策略

在投资之前设定一个固定的投资盈利目标，每次的投资都要在达到事先设定的固定盈利金额（幅度）的时候才开始卖出。

例如，我有本金15万元，今年想通过股票投资赚5万元。如果我的股票盈利达到目标，我就卖出；如果没有达到目标，我就坚定持有股票，这就是固定金额止盈策略。或者设定每年的盈利目标为20%，达到目标就卖出，这就是固定幅度止盈策略。

这种止盈方法是投资者最容易学会的，但是其效果是最差的。投资者设定的止盈金额和幅度越小，最终获得的收益就越少。在股票投资实践中常常会发现，设定20%的止盈幅度不如设定30%的止盈幅度赚得多，设定30%的止盈幅度不如设定50%的止盈幅度效果好，设定50%的止盈幅度不如设定100%的止盈幅度更有效，设定100%的止盈幅度不如不止盈最终赚得更多。

为什么会这样呢？这是因为投资者在股票市场里的投资收益主要来自大牛市或个股的主升行情。在牛市里个股的涨幅一般很大，不少个股的涨幅会超过一倍甚至达到三五倍以上。在现实的投资中，如果投资者在牛市里赚20%、30%就抛出了，那么将会很难以更低的成本买回来。投资者在盈利20%时，实际上极可能处于行情上升的启动点，甚至有时一倍涨幅止盈卖出，但事后却发现抛在牛市的启动点上。所以，投资者一定要尽可能地长期持股不动，最好不要人为设定止盈幅度，在投资中尽可能放大自己的利润才是重中之重。如果仅盈利20%~30%就抛出，那十有八九浪费了大好的投资机遇。

7.2.2　不止盈策略

"不止盈"就是一直持有不动,坚定持有5年甚至20年以上。利用计算机程序进行股市行情回溯测算,投资者会发现"傻傻地"多年持有不动,它的最终收益大多会高于在盈利30%后进行固定止盈的策略。有很多股票和基金长年不卖出,甚至可能会达到几倍甚至几十倍以上的涨幅,投资总收益高于盈利30%的主动止盈。注意,这里的"不止盈"是指持有多家优秀的上市公司的股票组合和基金组合,不适合只持有一两只股票的情形。

有的投资者认为,在盈利30%以后卖出,然后投入下一个投资目标里还是以盈利30%为目标,这样一直操作下去,最终也会积小胜为大胜。实际上,这种想法在投资中是不现实的,因为很难知道下一个目标能否给投资者带来30%的盈利,更不知道何时能盈利30%。已经给投资者带来30%投资收益的股票或股票组合在未来继续能给投资者带来更大投资收益的概率可能会更大。

7.2.3　动态止盈策略

动态止盈也叫跟随性止盈,就是随着行情的上涨、股票盈利幅度的增大,投资者不断地向上调整自己的止盈位,不断上移自己可以接受的股价回撤位置。比如一位投资者持有的股票成本是10元/股,当股价涨到15元/股时,他制定的策略是不跌到12元/股坚决不卖。后来的行情发展是股价跌到13元/股开始上涨,一直涨到18元/股,他的止盈位随之上行,变成了股价不跌到14元/股不卖。两个月后股价涨到20元/股,他设定的回撤位极限是16元/股,即只有股价跌到16元/股,他才会卖出股票。只要在股价上涨的过程中没有跌到他逐步提高的止盈位,他就一直持有。

这种阶梯式提高止盈位的做法,在有些情况下所获得的投资收益可能会高于"不止盈"所获得的投资收益。这种止盈方法的投资原理是股价或基金净值回撤的幅度越大,未来继续调整的概率越大,甚至会演变为中期调整。因此,投资者必须只能容忍有限度的盈利回撤，当回撤幅度过大时，就是止盈出局之时。

这种止盈方法较适合中期投资，但其应用难度相对较大。投资者运用这种方法有时也会卖飞股票和基金，从长期稳定盈利的角度来看不如"不止盈"策略。

7.2.4　市场环境止盈策略

市场环境止盈策略主要包括两点内容。

1. 市场环境总体情绪

"市场环境止盈"关注的重点是市场环境的变化。例如，在市场情绪高涨时进行止盈，正所谓"别人贪婪，我恐惧"。当市场上出现跳广场舞的大妈们开始进场炒股票、行情交易通道拥挤瘫痪、投资者到银行里排队取款炒股、股票开户数同比创新高、基金销售火爆等现象时，往往就是理性的投资者考虑是否止盈出局的时候。

在市场人人赚钱、遍地"股神"、媒体一边倒地看多后市的环境下，理性的投资者应考虑当前市场环境是否已经过热。要根据市场热度来辅助做出投资决策。例如，2015年夏天，证券营业部前来开户的投资者络绎不绝，前台工作人员从早忙到晚，网络开户也时常要排队很久才能完成。我身边不少以前从不关注股市的朋友开始问我有关股市的问题，有的人已从银行取款开始加大股票的投资力度。在这种情况下，理性的投资者就应该考虑当前的市场环境是否过于火热，是否要更加重视风险的防控，重新审视自己所投资股票的合理估值，甚至要考虑有关"止盈"的问题。

2. 管理层、知名机构、重要证券媒体的发言和动态

在很多时候，管理层的发言、举措预示了市场的头部和底部，一些知名机构的动向也对投资者的卖出决策有重要的参考意义，重要证券媒体的言论也值得

投资者对当前的市场氛围进行深思。

7.2.5 卖出策略的总结

在以上几种卖出策略里，投资者最容易应用的是固定金额止盈策略，但是从长期来看，它的投资收益最低。不止盈策略其实是综合得分较高的策略，既简单，又能获得比固定金额止盈策略更高的投资收益，但是它比较违反人性，需要持有股票很多年，会经历很多次的资产大幅回撤，一般人较难做到。运用估值原则或者动态止盈策略未必能取得比不止盈策略更好的长期投资收益。

运用估值原则和动态止盈策略最好要结合市场的情绪，这样最终取得的投资效果才会比较好。但是这样做的投资难度特别大，既要了解估值高低，又要懂得资金管理，还要能体察出市场情绪的变化，这恐怕只有高水平的投资者才能做到。从专业投资的角度来看，我认为最好的止盈策略是：大部分资产长期持有不动，少部分资产根据估值和行情动态、市场情绪的综合判断来决定是否止盈。

第8章

如何解决拿不住股票的问题

8.1 投资者拿不住股票的原因

绝大多数投资者在投资中都会出现拿不住股票、时常放跑手中牛股的情况,造成投资者拿不住股票的原因较为复杂,归纳起来主要有以下几种。

1. 缺少正确的投资理念

投资者在行情大涨大跌时拿不住股票的主要原因是缺少坚定的、正确的投资理念和信仰,极容易在行情的诱惑或折磨下失去理性。坚定的、正确的投资理念需要投资者在市场上经过多年的历练并进行深刻反思后才能形成。很多专业投资者都缺少坚定的投资信仰,何况普通投资者。投资者普遍注重眼前行情,喜欢频繁交易,热衷炒概念和追热点,喜欢买低价的股票,认为高抛低吸是赚钱之道等——这些都是错误的投资理念。在这样的错误理念引导下,投资者是很难拿住股票的。

2. 仓位过重

投资者在投资实践中由于仓位过重容易产生焦虑心理,即便是投资老手也常常会因为仓位过重而导致压力过大甚至失眠。仓位过重会导致风险暴露过大,无法应对突发的行情变化。最好的解除焦虑的办法是适当减掉一部分仓位,把仓位减到投资者心理能承受的水平。

例如,有一年,我的一位朋友动用所有资金共100万元买入一只股票,这只股票每股涨1分钱、跌1分钱对他的账户的收益影响都在万元以上。他持有了一个多月,赚了10%就马上卖掉了。因为心理压力太大了!结果不久这只股票开启了连续上涨模式,最终上涨了一倍多。如果他一直持有将盈利100多万元,而不是10万元。

行情的波动和过重的仓位,使他每天的股票资产净值大幅波动,给他带来巨大的心理压力,使他很难拿得住股票。试想,如果他只持有六成仓位,手中还有四成资金,他的心理压力大减,那么他是不是有可能持有至盈利50%甚至获利一倍以后才卖出呢?这样做虽然投入的资金比满仓时少了很多,但是盈利却远多于满仓时所获得的盈利。原因就是随着心理压力的降低,持股心态就会平稳很多,就能较为容易地拿住股票了。

过重的仓位经常会影响投资者的交易决策,容易使投资者在关键时刻犹豫不决,甚至会做出错误的决策。有些人不但重仓,而且还融资炒股,在这种情况下,股价波动稍大,投资者就容易产生焦虑情绪。这样投资,无论最终是否赚到钱,长此以往对投资者的身心都是一种伤害。

有的投资者还是会说:"仓位减轻以后心态是不再焦虑了,但是我的投入变小了,我赚的钱也会变少了。"我认为,投资不是生活最重要的部分,身心健康才是生活的第一位。如果为了多赚点钱而精神压力过大,导致身心失去健康,长此以往这样的投资还有什么意义呢?

3. 亲属压力

投资者会因行情波动导致账户在一段时间内产生较大浮亏,亲属知道后很难不发表意见甚至会进行责备。投资者大多要承受家中亲属方面带来的心理压力,这种心理压力常常会对投资者的决策产生潜移默化的影响。

因此,对于股票投资这件事,投资者尽量不要让家属参与讨论,最好的办法就是平日不让家属知道盈亏状况,根本不知道投资者在做股票投资才是最好的。这样投资者自己承受的心理压力就会小很多,良好的心态有利于投资者做出正确的投资分析和判断。股票投资必须独立思考,家属的建议会打乱投资者自身的思路,甚至会搞乱投资者的投资计划。而且家人大多是股票投资的外行,即使他们有时说对行情的涨跌,也不过是运气使然。投资者要用家里的闲钱进行投资,不要进行融资,家中还要准备银行存款、货币基金等低风险的理财产品,能够轻松维持家里的日常生活开支最好。只有这样的投资环境才能使自己来自亲属的压力较小,投资者才有可能长期拿住股票。

4. 巨大亏损

面对巨大的账户亏损，任何正常人都会焦虑。投资者一般会选择在解套以后马上卖出股票，以解除内心的负担。但是，往往在卖出股票以后不久，股价继续大涨甚至翻倍，这让很多投资者后悔不已。对于这种拿不住股票的情况，解决的办法有两个。

一是在投资前做好资金管理，做好股票组合和家庭资产配置，尽量避免出现巨大的投资风险。由于提前做好了风险控制，在绝大多数情况下投资者很难出现长期的巨大亏损。例如，投资者做好了多元化的均衡配置，即持有多个板块的股票，并且持仓比例较为均衡，在这种情况下，投资者的股票资产跌幅很可能会小于同期大盘指数的跌幅。而且投资者手里还有一定的存款、现金、债券等资产。在这样的风险防控机制下，投资者的资产损失一般较为有限，而且投资者手里还有资金可以用来低位补仓，所以，投资心态就会较为稳定。心态良好，投资行为就会较为理性，很难出现低位割肉或保本后急于抛售的行为。

二是了解股票投资中的人性本能冲动。投资者在股票投资中经常会由于人性的本能产生贪婪和恐惧。当产生巨大亏损后，大多数投资者会产生恐惧和后悔心理，当股票日后解套后就会有马上落袋为安的冲动，这是人性在投资中的表现。因此，投资者必须知道这种本能冲动容易导致错误的投资选择，在自己持有的股票解套后依然要坚定持有，以抗拒或转移这种人性的本能冲动。投资者应以公司的估值和前景作为自己决策的指南，抵御在本能冲动下做出错误的投资决策。例如，投资者有一只股票的持股成本是10元/股，最低跌至6元/股，一年后涨回到10元/股，这时投资者一般会有保本卖出的本能冲动。但是，投资者应考虑所持有股票的估值和公司的发展前景，如果股票的估值在12元/股左右且公司发展前景良好，那么应该控制自己的本能冲动，坚定持有被低估的股票不动。

5. 行情的不确定性

由于行情短期涨跌充满了不确定性，投资者经常会担心如果当前不卖出股票，下一分钟股价就会大跌。这种行情的不确定性容易使投资者产生恐惧，很难坚定持股信心。股市里很多人每天对大盘、股价进行行情预测，为的就是消除这种"不确定性"。实际上，无论技术面分析或基本面分析做得再好，也无法消除股票投资的不确定性。无数现在的、将来的变化因素不是人类所能预料的，世界上最大的不变就是变化。

对于这种股价行情波动的不确定性，投资者必须在心中早有预期，并在投资前制订投资计划，对行情的种种不确定性提前做好应对方案。

6. 缺少投资计划

大多数投资者在投资之前没有制订详尽的投资计划，在股价大跌时就会心烦意乱。投资者在买入股票前就应当对买入后可能发生的一切变化有具体的应对策略，必须有一切尽在掌握中的感觉才能做好股票投资。做短线投资的人要做好盘前交易计划，把交易时间精确到几点几分，把行动计划具体到股价的几角几分。只有这样，短线交易者的心态才会从容，才会在应拿住股票时轻松拿住，在想抛售股票时果断抛出。做长线价值投资的人要清楚上市公司的基本面、了解公司的发展前景，对公司的价值要有一个估算，这样才会坚定持股的信心。

8.2　解决办法

在对股民拿不住股票的原因进行简单了解后，如何解决拿不住的问题才是关键，下面我将从思路和经验两个方面进行介绍。

8.2.1　解决思路

拿不住股票的解决思路就是要针对上面的六种原因，进行针对性解决，具体的解决思路如下。

1. 树立正确的投资理念

投资者必须树立三点正确的投资认知才能解决拿不住股票的问题。

一是要深刻认识到在股市投资中频繁的短线交易所获得的小盈利并不能积累成大财富。短线交易的失败概率在50%左右，因为短期行情的随机性非常高，受各种场内、场外复杂因素的影响，根本没有什么炒作的规律可供参考。加上多次交易累积起高昂的交易费用，长期下去十有八九会损失惨重。如果没有这样正确的投资认知，那么投资者大概率会醉心于每天赚几百元、几千元的炒股方式，陷于频繁交易的投机模式里，就不可能拿住股票。

二是要甘心失去小的投资收益。在股市能经常获利翻倍的人，无一不是面对小的投资盈利依然能保持克制的人。如果投资者赚30个百分点就急于抛售，那么投资者永远拿不住3倍、30倍牛股。投资者在投资中必须肯失去这些小的浮盈，才有可能最终获得巨大的投资收益。投资者拿不住牛股的根本原因就是他们把"利润已经很丰厚"作为自己卖出股票或基金的理由，真正值得投资者恪守的卖出理由是上市公司失去了核心竞争力，这与自己当前是否赚得已经很多没有任何关系。

还有很多投资者卖出股票的理由是考虑未来股价或净值很可能会回落，几十个百分点的盈利因而白白失去。不得不承认确实有这个可能。但是，如果投资者在投资时总是关注于行情是否会下跌，那么投资实质就是一场彻底的赌博——行情是不可预测的。而投资者却总在这不可预测的行情上面猜测涨跌。"行情可能会回落"是进行行情投机卖出的理由，绝对不是价值投资卖出的借口。在投资中若想实现巨大的投资收益，就必须放弃投机之心，必须勇于失去几十个百分点的盈利。不愿意坐过山车的投资者永远成不了真正成功的投资者，能够对手里几十个百分点的盈利失去淡然视之，这才是投资中最好的心态。

即使从投机的角度来看，卖出一只已获利几十个百分点的股票也未必是正确的。利弗莫尔说过，"钱是坐着等来的"，意指当有一定的投机盈利后，要有耐心继续等待更大的盈利，而不要轻易卖出，不要轻易换股。这是因为在投机的世界里并不是有无限机会的，能赚大钱的机会是非常有限的，投资者要牢牢把握手中的机会，绝对不要轻易寻找新的买入机会。即使成熟投资者面对几十个百分点盈利的诱惑，也常常会有卖出的冲动，但是他们明白必须控制自己这种本能的卖出冲动。只有如此，才有可能获得巨大的投资收益，才不会出现捡芝麻丢西瓜的事情。

三是要把上市公司的业绩成长作为投资的收益源泉，而非通过行情的波动来赚钱。

股价上涨从长期来看是由上市公司的业绩推动的，并非由牛市行情推动的。立足寻找优秀的上市公司，与上市公司共同成长，才是股票投资之道。只有具有这种正确的认知才有可能拿得住股票。反之，投资者总想利用行情波动来高抛低吸赚钱，是不可能拿住股票的。

2. 做好资金管理

不少投资者处于一年365天永远满仓的状态，这么重的仓位，当行情大跌时，投资者的损失肯定也是巨大的。因此，投资者必须学会仓位管理，一半仓位左右才是投资者大多数时间最适合的仓位比例。如果在行情大跌时投资者只有半仓，那么损失就会明显小很多，就不容易产生恐慌的心理，更容易拿住股票。

在牛市中适量卖出估值过高的股票，在熊市中适时买入估值过低的股票，使自己的资金一直保持进退自如的状态，在这样的资金管理基础上才能保持良好的投资心态，从而拿住股票。

很多投资者把家中所有或绝大部分资金都拿来炒股，当股价大跌时自然会内心紧张，害怕损失过大影响家里的生活，从而导致拿不住股票。理性的投资者只把自己家中的少部分闲钱拿来进行股票投资，这样即便股票大跌三五年，对投资者的生活影响也是非常有限的。例如，家中共有现金50万元，拿45万元做低风险理财和存款，只拿出5万元来炒股，这样即使股价大跌，损失也十分有限，完全能拿住股票。相反，如果家中仅有50万元却全部拿来炒股，在这种情况下，就算成熟投资者看到股价大跌，内心也会紧张，也很难从容持股。

3. 建立股票组合

大多数投资者不太懂什么是股票组合，一般只买两三只股票，甚至只买一只股票。这样的股票投资方法很容易导致投资收益大起大落，影响投资心态，使得投资者很难拿住股票。正确的股票投资方法是把资金平均分散在5只、最好10只以上不同行业的股票上，这样股票的收益就会更接近大盘的平均收益。在行情不好时，跌幅也不会太大。很多投资者在大盘下跌10%时，自己却亏了20%，原因就是手里股票的品种过于单一，没有建立有效的股票组合。

4. 制订执行策略

股票投资的过程实际上是各种策略的执行和运用过程。比如量化交易策略就是运用算法和程序来执行既定的交易策略，这样可以杜绝投资者的主观情绪对投资过程的影响。价值投资的估值策略和安全边际原则可以使投资者在投资中更加理性，不易被市场情绪感染，以估值高低来执行自己的买入和卖出操作，以公司的核心价值作为自己的持有原则。

投资者为了不让市场环境影响自己的投资决策，应为自己制定适当远离市场的策略。例如，每个交易日最多只看盘10分钟，多参加户外活动以减少自己对行情的过度关注，更多地分析上市公司的长远发展等。这样的策略执行有利于投资者理性地面对市场，减少非理性抛售股票的行为。

5. 制订投资计划

投资者拿不住股票和缺少投资计划密切相关。一份周密的投资计划有利于投资者树立持股信心，避免被市场情绪干扰。投资计划的制订一定要周密、严谨，既要有行情大好，账户处于盈利状态时的处置方案，也要有行情大跌，账户处于严重亏损状态时的应对计划。一份全面的投资计划是投资者拥有良好的持股信心的重要基础。例如，A股行情是3 400点，投资者必须制订应对未来大盘突破3 500点、大盘在3 400点附近震荡、大盘跌破3 300点这三种行情的投资计划。这样，未来无论大盘出现何种行情走势，投资者都会因为早已做好计划而游刃有余。

8.2.2　持股经验

在股票投资中，投资者空有书本理论是不行的，投资要落实到自身的市场体验，因此，持股经验非常重要，下面我根据自身27年的投资体会，介绍几个持股经验。

（1）行情头部的形成大多数需要一个过程。当头部迹象刚刚开始出现时，不要急于卖出。一般行情的中期头部形成至少需要几个月的时间，有的行情头部甚至会在高位维持一年以上。在这个头部形成期间不必急于一次性清仓卖出，最好的策略是分批卖出，这样才可能卖出一个较高的价位。

（2）投资者在进行价值投资时，自己持有的股票价格超过合理估值也可以持有一段时间，不必急于卖出。因为市场情绪可能会把股票价格推到更高的位置，股价甚至会超过股票真正价值的两三倍。当股价超过估值后慢慢进行减持或减持一部分可能是更好的选择。

（3）一个热点概念或一段结构化行情往往强者恒强，持续时间可能长达几个月甚至数年以上。投资者在这段时间里要坚定持股，不要急于下车。

（4）行情越是低迷，越要坚定持股。因为这时离行情底部越来越近，而且行情越低迷，股票越有可能跌至其应有的估值甚至过于低估。当然，这样做要建立在持有一揽子优秀公司股票组合的基础上，绝非对一只股票的盲目死扛或不断抄底。

（5）只持有自己心理能承受的仓位。只有持有自己输得起的仓位，才有可能拿住牛股。

（6）要有坐"过山车"的心理准备。中、长线投资由于行情的随机波动，投资者在持股过程中频繁坐"过山车"是非常正常的现象，对此应有充足的心理准备。只有适应"过山车"行情，才有可能耐心长期持有，才有可能赚到更多的投资收益。

（7）在股票投资中，投资者持股三五年以后的盈利概率较大。市场95%左右的时间都处于震荡调整或下跌当中，只有5%左右的时间处于上涨状态。当有了这样的正确认知以后，就会有足够的耐心来等待行情的上涨，就可以无视行情震荡，做到坚定持股。

（8）不过度关注行情，把时间和注意力更多地放在工作或兴趣爱好上。天天看盘或经常关注行情容易令投资者产生浮躁或侥幸心理，很难保持客观、理性，这样长期下去肯定不利于稳定持股。投资者在平时的生活中应把时间和注意力放在其他方面，比如看书、健身、游戏等，这样可以远离市场的诱惑，更容易保持一颗平常心。

第9章

股票投资实战

9.1 行情分析实战: 实战中A股见底的时候都有哪些特征

行情见底的诸多理论必须落实到实战中的细节上来, 投资者的脑海里必须记忆大量的行情底部细节, 这样在每次行情底部来临时就会通过行情的变化细节提前预知。只有亲身经历大量的市场环境细节, 才能使投资者对行情底部的认知更深刻, 投资者才能更有信心。

1996年3月, 上证指数只有500多点, 当时的市场环境是这样的。

1. 营业厅氛围冷清

绝大多数投资者已经不来营业厅了, 证券营业大厅里的投资者不过几十人, 而且大部分都在打扑克。每天到营业厅来开户的人寥寥无几, 要知道平时大厅里都是有数千人的, 就像热闹的菜市场一样, 每天开户都要排长长的队伍。

2. 成交量低迷

由于很久以来股市都没有什么行情, 市场每天的成交量很小, 很多股票在早盘一两个小时以后才开始有成交。上证A股每天的成交量只相当于牛市时每天成交量的1/10左右。

3. 市场对利好基本没反应

虽然出现过政策利好, 但是市场上只出现了一日游反弹行情。数百家公司公布了增持计划, 上百家公司实行了股份回购, 但市场行情依然下跌。

4. 行情波动范围较小

在大多数时间里指数波动幅度都很小, 有时甚至一天只有几个点的波动。小涨小跌是市场常态。虽然极个别股票有不错的行情, 但绝大多数股票数月时间一直维持小幅震荡行情。

5. 市场上对行情的判断以看空为主

绝大多数投资者都知道股市当前有什么利空,非常清楚股市为什么涨不起来。媒体的主流观点是让投资者保持谨慎。这时市场上还有一种非常悲观的观点,即认为股市还要再大跌几百点才能止跌筑底。当时某证券公司的研究所长和某著名股评家到证券营业部来讲课,他们的观点就是股市还要继续大跌。结果,一个半月后,股市就开始大涨,开启了新一轮大牛市。

总之,A股历史上每轮行情见底的特点基本上都是这样的:持续很长时间的行情低迷,出台的利好政策却给投资者不见效果的感觉,表现为行情无视政策利好继续下跌;但是大多几个月以后股市就形成了市场底部,再也没有实质性的下跌了;最后行情启动,开启了新一轮牛市。

判断行情底部有两个关键点。

一是行情低迷已久。行情低迷一年以上,甚至三五年以上,这时大概率会成为行情底部。

二是利好出台。在这样的低迷背景下会有很多利好出台。利好有很多种,比如降低印花税、调低证券佣金比例、鼓励上市公司回购等。每次的利好出台看似都只能在短期内起到稳定行情的作用,不久股市就会继续下跌,但是这些利好的实质作用是长期的,需要慢慢发挥作用。

在这种情况下,行情可能会继续下跌,但是这已经在底部区域了。此时应越跌越买,中、长期的买点就在眼前。当时我根据市场的这些特点认为市场已进入底部区域,便买入了一只名为"异型钢管"的股票,两个多月以后,上证指数就从500多点涨到700多点,行情走出底部,一轮牛市展开。

总结:其后二十多年来几轮行情的底部都具有与1996年期间相似的熊市底部特征,在实战中投资者只要把以往底部行情的氛围特征细节记忆下来,这样在以后的行情中出现类似的特征,就可以迅速做出正确的底部行情判断;在其他人不敢买入甚至割肉时,就会敢于持股甚至大力加仓。

对于行情头部和底部的氛围特征细节的观察和记忆必须如电影画面一样

非常具体才行，比如当时的机构、媒体都说了什么言论，当时的管理层有哪些发言，自己当时的心理状态，还有其他投资者对后市的典型看法等。例如，2022年年初，有一位股民信誓旦旦地跟我说："现在可以大胆买入三一重工和比亚迪，不出一两个月它们就会大涨翻倍。"这让我回想起以前的几轮行情头部，当时也有很多股民有类似的言论，他们对已经上涨数倍的股票依然充满信心，在行情高位时对未来无限看好。2015年夏天，一位股民就向我推荐某只股票，并直言这只股票的价格马上就要翻倍。当时的情况是，那只股票的价格早已在半年内大涨了两倍。在这种情况下，他依然信誓旦旦地说股价要继续大涨，这与2022年年初这位极度看好三一重工和比亚迪的股民何其相似？

这种历史行情中股民言论上的细节就可以作为行情头部的判断参考之一，因为其是市场疯狂的一种具体表现。

9.2 仓位控制策略实战：东方财富的持仓

前面讲解了仓位方面的理论和经验，在实战中如何应用呢？下面列举一下在2015年的一次中线投资，从中可以看出仓位控制在本次投资中的重大作用。

2015年2月5日，上海A股市场中创业板的行情如火如荼，我的一位朋友关注到了东方财富这只股票。他打开交易软件买入了300股东方财富，后来隐约觉得这只股票可能会有大行情，于是又补了300股。这样共有600股，持仓市值大约为27 000元。其实他很想多买点东方财富，但他只有10万元资金，东方财富就已经占了约25%的仓位，已经算是第一重仓股票了。他想，如果加仓东方财富至50%的仓位，那么一旦判断有误，这么重的仓位下跌所带来的损失将难以承受。他思来想去，最终决定不再加仓，东方财富保持在约25%的仓位。

这里就涉及在仓位控制的"尺度"问题。投资者要在交易中控制好每只股票的持仓比例，力求做到既可以有利于捕捉投资机遇，又能控制可能出现的潜在风险损失。

他买入东方财富后,股价就开始连续下跌,仅两天时间浮亏达10%,亏损金额近3 000元。好在他严格按照我平时倡导的仓位控制理论,只买了1/4的仓位,损失不到股票总资产的3%,因此他选择继续持股。如果他当初没有进行仓位控制,投入总资产的一半甚至更多,那么由于仓位过重而在此时账面损失较大,他将很难拿住股票,很可能会清仓出局。几天后,东方财富突然宣布停牌,表示有重大事项公布,这个公告吓坏了很多重仓东方财富的投资者。因为他们的仓位太重,在行情如火如荼的情况下股票被停牌,未来复牌时如果大盘行情大跌,东方财富的股价就会跟着大盘补跌,此时就会面临来不及卖出的被动局面。重仓东方财富的投资者在当时是非常崩溃的,自己的绝大部分资金由于被东方财富锁定而陷于天天只能坐观别人赚钱的状态,且有复牌后股价大跌的巨大风险。

在这个时刻最能看出仓位控制的重要性。在遇到这种突发情况时,我的那位朋友由于只持有约25%仓位的东方财富股票,还有75%的资金可供动用,因此股票停牌对他的影响比较小。在停牌长达一两个月的时间里,他手里其他股票的上涨依然给他带来了可观的投资收益,他有大把的时间耐心等待东方财富复牌。

2015年4月16日,东方财富复牌, 行情尚处于牛市当中,东方财富复牌后接连涨停,他最终以一倍多的盈利卖出。

总结:由于控制好了在东方财富这只股票上的仓位,我的朋友在这次股票投资中拥有以下优势。

(1)合理的仓位控制,使他在选股时敢于冒险,表现为敢于买入已处于股价历史高位的东方财富。反之,如果他没有做好25%的仓位分配,有满仓一只股票的习惯,他是很难敢于在当时买入已处于股价历史高位的东方财富的。因为一旦买错,损失将是他不可承受的。

(2)合理的仓位控制,使他可以轻松应对突发情况。在东方财富突然停牌期间，他拥有良好的心态，主要源于手里尚有75%的资金可以自由流动。如果他满仓东方财富或持仓达到一半，那么在股票停牌的两个月里，他可能每天都处于焦虑当中，同时手里没有多少资金可以用来对冲风险。

（3）合理的仓位控制，使他在持股过程中心态平稳，有利于拿住牛股。在东方财富复牌以后的大涨中，他由于持仓不是很重，所以心理压力不大，这使他能有较好的心态持股，一直持有到股价翻倍才抛出。如果他持有东方财富半仓以上甚至满仓，那么股价上涨里的波动极易使他的持股心态发生动摇，因而很难坚定持有到盈利一倍多时才抛出，很有可能在盈利几十个百分点后就清仓了。

9.3 阅读年报的实战应用：福耀玻璃的年报告诉了我们什么

2020年夏天，朋友A突然关注到一只股票——福耀玻璃。因为当时半导体、医药板块的股票估值都显得很高了，他需要远离这些板块，找一些相对估值较低、安全性高的股票。这时他突然发现福耀玻璃的市值只有700亿元！虽然市盈率30倍在当时并不算便宜，但这个700亿元的市值真的让他很心动，因为它可是世界排名第二的汽车玻璃巨头！很多人炒股喜欢看市盈率，实际上"市值"在大多数情况下是更有力的武器。投资者选股应当以市值为主，特别是那些拥有核心技术或品牌优势的上市公司，如果它们的市值不太高，那么都可以把它们放到自选股中留着慢慢研究。

朋友A先是阅读了福耀玻璃的年报，有三个地方令他印象深刻。第一个地方是年报中三番五次地提及公司业绩下滑是由于客观环境和汽车行业低迷，并非公司经营不力。我们知道，一般公司年报是不会这样多次解释公司业绩下滑的原因的。这份年报显示了曹德旺本人积极进取的个性——甚至感觉年报里有些句子可能是他本人写上去的。

第二个地方就是年报中显示曹家宗亲签署了一份协议，大意是禁止家族之间同业竞争。这明显令人感觉到了曹德旺的行事精明。

第三个地方是年报中披露的高级管理层的薪资收入。年报显示，高管中曹德旺的姑爷收入居然是最高的！但是，他的姑爷好像没有福耀玻璃的股份，这显示他的姑爷真的很有管理能力，否则不会给予他最高的年薪，但没有股份却给人一种"姑爷毕竟是外人"的感觉。年报里表示公司正在再造第二个福耀玻璃，即开始生产汽车铝装饰条，公司管理层认为汽车铝装饰条前景广阔，并且利润比生产汽车玻璃的利润还要高。

然后，朋友A又阅读了一些关于汽车铝装饰条方面的研报。基于丰富的经商经验，他相信一个卖汽车玻璃的人再卖铝装饰条是很容易成功的，因为他有渠道和客户方面的优势。年报显示，公司收购的是一家德国的世界级铝装饰条生产公司，公司的这次铝装饰条业务的投资成功率还是很高的。他意识到多年后福耀公司将拥有两大业务——汽车玻璃和铝装饰条，两者加起来才700亿元估值，这相当于公司汽车玻璃业务这块的估值才350亿元！如果公司未来铝装饰条业务成功开展，公司业绩翻倍，那么当前的股价市盈率就会由30倍降至15倍。一想到多年后以15倍市盈率的价格持有世界第二大汽车玻璃上市公司的股票，朋友A的内心就感觉安全了很多。再想到新能源汽车发展是未来的大趋势，新能源汽车比传统汽车需要更多和更具高科技含量的汽车玻璃，这无疑会增加公司的收入，又是公司的一大盈利增长点，他的心里就更踏实了。

朋友A的最终判断是："买这家公司能不能赚钱不知道，但这笔投资至少很难亏钱！"有人会说："他忙活半天，买股就是为了看能不能亏钱啊？"是的，成熟的投资者在股市中经历的风雨太多，所以他们的胆子变得越来越小，在买股之前都会先设想最惨的结局是什么样的，自己能否承受得起。因此，他们会建立股票组合，分散风险，防止"黑天鹅事件"发生。并且尽量以更低的估值买入股票，以防范选股的风险。福耀玻璃就成了他在2020年下半年的第一重仓股，最终持仓占比达到17%。

他坚定持有半年后，到2020年年末已获利一倍多。他考虑到福耀公司的美国工厂极可能受到当前客观环境的影响，估计2020年公司业绩不会特别出色，于是他暂时清仓福耀玻璃。

总结：由于朋友A阅读了年报，才对公司的管理层和基本面有了新的认识和了解，为他的投资决策打下了良好的基础。如果他不阅读年报，就不会了解公司的最新基本面动态，就不会对公司管理层有一个直观的了解，就很难下定决心去投资这家公司。

9.4 股票组合实战：光大证券的短线交易

2015年券商股行情火热，一位做短线交易的朋友当时非常看好券商股，他认为券商业绩会继续大增，券商股行情还会继续火热。虽然他如此看好券商股，但是他也知道这些券商股有可能会有短线调整。所以，他当时只买了半仓的券商股，其中包括广发证券、中信证券、东北证券、光大证券。他的计划是用剩下的资金买入刚启动的其他板块股票，以此来对冲他在券商股上的交易风险。

第二天早盘，他买入首开股份和中国人寿，由于当天没有交易计划，所以他没有看盘的必要。上午他出去游泳，回来后打开电脑发现首开股份和中国人寿已经涨停了，但是光大证券不断下跌，三天后浮动亏损接近10%。这个跌幅对于做短线交易的他来说太大了。他发现自己十有八九买在了券商板块行情的头部，于是决定必须尽早逃顶，希望市场能给他逃顶的机会。幸好他的股票组合里的首开股份账面上浮盈35%，抵销了光大证券的账面亏损。随后他卖掉了首开股份，把腾出的资金加仓在走势较强的广发证券上，加仓后广发证券成了他账户中最重仓的股票。

他计算了最近两周持有券商股的短线交易者的持仓成本，认为明后天券商股就到了选择方向的时候，券商股可能会大涨。他做好两手准备，如果早盘开盘半小时后券商股没有出现大涨,他就全面清盘出局;如果出现大涨,他就稍等一下,看看形势再决定当天是否全面清盘出局。

第二天早盘大盘低开很多,他的神经绷紧了。他手中的券商个股,只有广发证券是平开,其他全是低开!他甚至有一种马上就卖出所有股票的冲动!但心中一个理性的声音告诉他:再等,再看看,不要急。开盘后几分钟,他手中的券商个股就开始翻红,而且越涨越猛。他先是卖掉光大证券,因为它亏得最多;然后抛出中国人寿;稍等了一下就卖出了略有赚头的东北证券;等中信证券涨到6%以上显现抛盘很重时,马上出掉了中信证券;最后出清了持仓最重的广发证券。这一次短线交易,他在事后大概算了一下,持股7天获利8 500多元。

总结:本次交易他实际上是失败的,因为他买在了券商热点行情的头部。他能盈利的关键在于建立了包括地产、保险及数只券商股的股票组合,由于这个组合中各只股票的风险对冲使他有了腾挪的空间,他才有机会卖掉盈利较多的首开股份以加仓走势较强的广发证券,割肉走势较差的光大证券和中国人寿,最后才能身处券商行情头部而清仓赚钱。

9.5　选股策略实战:疫苗事件会终结医药股的牛市吗

2018年夏天,长生生物被爆出虚假疫苗事件,一时间整个疫苗行业的股票受到波及而股价大跌。这时,不少持有疫苗股票的股友问我应当怎么办。我当时是这样回复的:"以史为鉴,可以知兴替。"我们可以看看A股历史上类似于疫苗事件的重大事件的发展结果,从而对长生生物引发的疫苗事件影响有一个理性的认识。

十多年前三鹿奶粉事件引爆A股,当时的乳业巨头伊利股份也被牵连其中,股价暴跌四五成。当年伊利股份业绩亏损惨重,食品安全问题引起了整个社会的高度重视。不久伊利股份从暴跌中走出来,十多年间股价上涨了十多倍。现在回头来看，当时伊利股份的股价大跌就是一个"黄金坑"。

多年前，贵州茅台也遭遇了危机。当时爆出了"塑化剂"事件，很多酒类公司的产品中塑化剂的含量都大幅超标，贵州茅台当时超标20倍。以贵州茅台、五粮液为首的白酒股票纷纷暴跌，开始了一轮酒类行业的熊市。但是，酒类行业的根基仍在，消费群体依然存在。随着这些年我国居民的消费能力提高，白酒股票慢慢重新走牛。贵州茅台的股价牛气十足，后来又暴涨了10倍！

我国的疫苗行业方兴未艾，目前仅是前进路上的小波折。医药行业不断创新必将带来一轮轰轰烈烈的医药牛市！一位朋友十分认可我的说法，他在当天以约31元/股的成本在跌停价附近加仓了一只疫苗股——华兰生物。他坚定持有了一年多，最后以60多元/股的价格卖出。

总结：这种选股策略叫作"困境反转策略"，就是利用市场的非理性情绪做出的过激反应，逢低买入那些核心竞争力依然存在、暂时遭遇困境的上市公司的股票。巴菲特和彼得·林奇在其投资生涯中就多次运用这种投资策略，数次获得丰厚的投资回报。

9.6 股票买入实战：买入业绩亏损的长安汽车

2018年，A股的长安汽车股价大跌，其几乎所有的技术指标都开始走弱，短、中、长期趋势线都开始向下，这个时候就是所谓的"向下趋势"。按照趋势法则，当时就应当割肉，至少也不应把它作为关注的对象，即便在2019年的大部分时间里按照趋势法则也不应买它。根据财务分析，长安汽车年报里公布的财务报表显示其业绩大幅亏损，但是投资者根据年报很难确定长安汽车这家公司未来的发展状况。

而我却在2019年长安汽车业绩大幅下滑、股价不断下跌时开始对长安汽车重点关注。我对长安汽车的关注首先源于我对汽车行业周期的了解，当时国内汽车行业处于低谷时期，很多汽车4S店都面临亏损甚至倒闭的局面，行业内不少公司都出现了危机，长安汽车的业绩下滑仅是冰山一角。我的家人在长安汽车4S店里工作，使我对当时汽车行业的低谷有着切身的体会。

因此，我坚信汽车行业的低迷只不过是行业周期所带来的，行业低谷期过后必将迎来行业的景气高峰。在行业低谷期不仅不应抛售汽车行业的股票，反而是逢低投资的好时机。所以，我当时不仅关注了长安汽车，还关注了长城汽车、比亚迪。

我注意到长安汽车更换了管理层，公司管理层找到了公司业绩大亏的根本原因，他们认为公司的业绩亏损主要是由于车型老旧造成的，公司未来将大力生产上线新的车型。我向在长安汽车4S店里工作的家人进行了询问，家人也认为本店销量不佳的原因是缺少新车型。公司管理层在公告中表示未来将要上线一系列的新车型，包括长安林肯，为此，我特意询问了一些朋友对长安林肯这款车的看法，我发现大多数朋友对长安林肯的评价都比较高。公司管理层当时表示公司将开始调整生产结构，进行改革。我当时的判断是公司未来的业绩很有可能会扭亏为盈。听其言，观其行，我不仅要看公司管理层的发言，还要观察其每月的销售情况以及它是否真的有新车型上市。

实际上，2019年长安汽车的月销售数据明显好转，但是它的股价却没有上行，依然表现得较为低迷。这是因为绝大多数投资者对长安汽车的业绩回升缺乏信心。我在2019年多次去长安汽车4S店里观察汽车的销售情况，并且多次试驾长安CS55，我注意到，虽然长安汽车的业绩亏损，但是长安CS55和CS75的销量不错，多次进入全国汽车月销量排行榜前10名。此外，长安汽车这家老牌公司确实有一定的技术底蕴，后面几个月长安汽车也确实开始有一些新车型上市。我认为公司在未来大概率会扭亏为盈。

2019年，我以约8元/股的价格买入了长安汽车的股票。2020年冬天，长安汽车的股价上涨到17元/股以上。为了防止我在长安汽车基本面上的错判，我在长安汽车上只配置了1/10的仓位，并且同时投资了比亚迪。这样做既可以分散风险，又可以增加投资成功率。

9.7 股票卖出实战：大基金的三次减持公告，是不是A股大跌的"魔咒"

大基金的全称是国家集成电路产业基金，这只基金自成立以来投资了不少在A股上市的半导体公司的股票并且获利丰厚。在2018年以前，大基金就投资了兆易创新、汇顶科技、国科微等半导体产业的上市公司股票。

大基金的减持按照《中华人民共和国证券法》的规定会提前半个月甚至一个月告知市场，但是很多投资者对大基金的公告都不够重视。其实，大基金的减持时间点是专业的，可以作为投资者分析行情变化的辅助参考，大基金走势如图9-1所示。

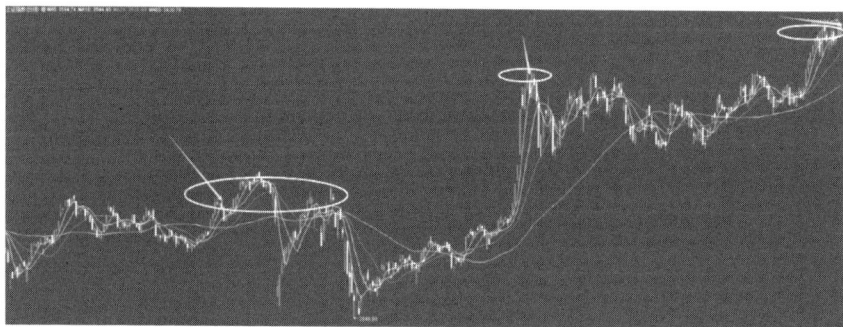

图9-1　大基金走势图

2019年12月20日，大基金发布第一次减持公告，也就是图9-1中左数第一个箭头标识处。第一次公告减持后不久，大盘就见顶回落，从此大盘陷入了一轮中期调整行情。

大基金发布第二次减持公告是在2020年7月9日，也就是图9-1中中间那个箭头。大基金在此处公告后，大盘进行了长达半年左右的震荡调整，实际上这也是大盘的一轮中期调整行情。

2021年1月22日，大基金又发布了第三次减持公告。在这个时候，我断定大盘有可能不久就会进入一轮中期调整行情，于是我开始对中期调整行情看空。果然，2021年2月，A股创下3 731点的阶段性历史高点，从此市场进入了震荡调整时期，一年以后市场跌至3 000点以下。

总结：关注大基金的减持时间点是利用了第7章里所讲的卖出策略中的"市场环境止盈策略"。我在第7章"市场环境止盈策略"里的第二点讲到要关注著名证券媒体和知名机构的动向，他们的看空值得投资者深思。

9.8　股市逃顶实战：2015年崩盘前的卖出

股市行情进入2015年5月，我一个同学本来在4 500点以后就一直看空，并在5月初就空仓了。可是这时出现了一件事，差点让他坠入行情的深渊。他在年前就关注到一个财经节目，里面的专家预测行情非常准确，在几个月内数次准确地预测了大盘高低强弱的变盘时间节点。尤其是专家指出5月19日附近大盘将进入强势行情！本来他是空仓的，看到5月19日盘中确实有放量大涨的迹象，于是他马上满仓买回来。他很佩服这位专家的行情预测能力，5月末，这位专家坚定地指出6月和7月的行情会更好，并且每周都在盘后不断给股民打气。股指在6月份也在不断震荡中攀升，只是他开始有了一点隐忧，因为他看出5月29日和6月4日的走势里分明就有机构在出货。

6月12日，专家在节目里指出下周将迎来向上突破的超强行情！他这时所有的账户都是满仓的，因为在他的记忆里专家一直没出过错，但是后面几天的行情走势却很疲弱。6月15日，大盘下跌2%，专家盘后说这是正常的调整；6月16日，大盘继续下跌3.47%，专家表示行情走势依然正常；6月18日，大盘大跌3.67%，专家晚上解盘说向上趋势还在保持中！

这使他想起了十多年前的一桩往事。那年他炒股获利五倍后，感觉股市风险开始增大，准备清仓出局。这时证券界的一位著名专家在电视上拍着胸脯说：
"没事，经过无数次计算机程序的计算，大盘这里是'铜墙铁壁'！根本跌不下
去！"于是他听信了专家的话，没有清仓。结果股市一路暴跌，他的资产由获利
五倍急速缩水至勉强保本。历史会不会重演？他的账户资产在这几天里已经缩
水不少！

　　2015年6月19日，周五，大盘跳空低开，盘中反弹乏力，他想起了4 500点以
来的管理层的种种风险提示举措，这与1996年行情头部时管理层对股市行情的
风险警示极其相似。他的脑海中又浮现出5月29日和6月4日的大资金出货走势，
越想越感到可怕。他认定当前自己不想抛出股票主要是因为虚荣心和侥幸心
理，现在卖出至少可以保住此轮牛市的大部分胜利果实，如果再次听信专家，那
么自己极可能会重蹈覆辙。于是他马上清仓了所有股票，三天后股市崩盘，市场
上一片哀鸿。

　　总结：本实战案例可以参考第7章里的"市场环境止盈策略"。我这位同学
因为回想起了历史上市场行情头部的特征和自己过去的投资教训才得以在头部
逃顶，可见记忆市场环境非常重要。

9.9　持有策略实战：约18元/股买入王府井，约69元/股卖出，我是怎么做到的

　　2019年夏天，我买入10只股票，我买入王府井时只买了1/10的仓位，因为
我做的是均衡配置，每只股票都配置1/10的仓位。但是，我买入王府井后不久就
被套了，最多时有超过30%多的浮动亏损。

　　我为什么要选择王府井这只股票呢？我当时认为零售百货股票被过于低
估，王府井当时的股票市值仅为100亿元，而其每年的营收就有一两百亿元。未
来10年，随着经济的发展，投资者的消费能力提升，零售百货的业绩大概率会好

转。因此，我选取了零售百货行业里的龙头王府井。我买股票大多买行业龙头，至少也要是行业前三名的公司才有可能进入我的视野。我研究了王府井的经营模式，发现其正在转变，比如奥莱产业、购物中心等。我认为它下了很大一盘棋，虽然有点儿冒险，但是王府井是必须改革的。我研究了半个多月王府井的资料，才决定购买王府井的股票。半年多以后，王府井的股价就开始慢慢上涨，我在王府井上的投资开始由亏转盈。当股价涨到30元/股时我也没有想过卖出，因为我当时的目标是持有10年以上。30元/股的股价在我看来是合理的估值，并不是高估。不久我在网上听说王府井正申请免税店，当时王府井的回复是"不知道此事"。

几天后，王府井突然公告称，大股东为王府井申请的免税资质获得财政部批准。从这天起，王府井的股价开始连续大涨，天天有同事和朋友问我卖不卖。特别是当王府井的股价涨到40元/股左右进行震荡时，有几位朋友强烈建议我卖出，我未采纳。我心里的算盘是——大不了跌回30元/股。因为我给王府井的估值就是300亿元市值，现在王府井的市值也不过是300亿元，尚在合理的估值范围之内。

几天后，王府井的股价继续大涨，冲过50元/股，这时我才有了卖出王府井的想法。但是当时王府井的股价天天大涨，我是不可能轻易放弃这样的高抛机会的。我在年轻时擅长短线交易，知道至少要等股价出现大幅震荡才能卖出股票。之后王府井的股价不断上冲，涨到70元/股以上后股价开始了大幅震荡。我看出这时明显有大资金正在卖出王府井，再加上王府井的公告称公司当前并没有正式开展免税业务，这使我明白了公司的年报业绩是不可能太好的，至少支撑不了这个70元/股的股价。当时王府井的市值已达到500多亿元，这显然有些透支了王府井未来几年的业绩。于是我准备卖出王府井。那天王府井盘中大部分时间的股价在70元/股以上，等我一挂上卖单，股价就开始下跌。于是我填了一个比现价低2角多的价钱开始抛售，卖出后一看，成交价是69元7角多。

总结：从约18元/股拿住王府井到涨到约69元/股卖出，这充分显示了我的持股能力，参见第8章"如何解决拿不住股票的问题"里解决策略的章节里的相关内容。我在这次持股过程中首先树立了正确的投资理念，我是以长期价值投资的理念来入手王府井的，因此，我能够不在意其短期的涨跌。其次，由于我做好了资金管理，王府井这只股票只占有1/10的仓位，所以，它的涨跌对我的总资产的影响是可控的，很难对我的心态产生过大的影响，这是我在它大跌和大涨时能保持稳定持股心态的基础。再次，我这次的执行策略实际是以价值投资为主，以短线投机为辅，在这样的策略指导下，我才得以持有这么长的时间和获得这么高的收益。最后是投资计划的制订。我在买入之初就已经制订了周密的投资计划，就已经考虑到股票组合里有的股票价格会大跌，有的股票价格会大涨，因此，我才能在王府井浮亏30%多时，依然放心持有。

第10章

读者关心的问题及我的炒股经历

10.1 边工作边炒股才是最适合投资者的投资方式

一位股友来信问我:

孟老师您好,我是一位即将毕业的大学生,我在学校里学的专业跟金融、经济等都没有关系,但我在机缘巧合下接触了金融市场并开始了交易之路。可是我现在面临毕业了,我很想投身这个市场,并找一份工作可以向其他人学习,同时能养活自己。但我的学历跟金融行业一点儿关系都没有,我现在不知道该怎么办。如果我做原本专业的工作,那我可能永远学不到更深的东西;但是我想找一份工作或进入某家证券机构或交易所学习又苦于学历问题。所以,我想请问您有什么好的建议吗? 望您指点一二,感激不尽。

这位年轻的股民反复强调自己所学的专业和金融行业没有关系,他认为只有进入金融行业才能够实现自己炒股养家的梦想——这个观点明显是错误的。

实际上,在金融行业里能够有炒股养家本事的人也是万里挑一的。如果证券公司的员工都有炒股养家的本事,那么他们都会选择回家去实现财务自由了,谁还会给证券公司打工呢? 我认识的分析师没有一个有本事能炒股养家的。这不是我主观认为的,而是他们亲口承认的。我的一位大学教授朋友听从姑爷的意见买入300万元的股票,结果不久就被套60%以上。不可否认,证券或基金公司重要部门的员工有机会获得一些内部消息,但利用内部消息为自己谋利是违法行为,会受到法律的制裁。绝大多数金融公司内部的员工接触不到这些内部消息。即便是高级金融分析师自己做股票投资也未必能赚到钱,因为有金融专业的高级文凭不等于有股票投资的专业能力。股票投资需要有天赋,比如特立独行的性格、理性客观的能力、坚强的意志等,这些都不是智商或所学专业能决定的。

我从27年的投资经历里得到的认知就是——边工作边炒股是最好的炒股养家的方式。

这个工作是指任何行业的工作，只要有稳定的收入，能养活自己就好，这样就可以为自己的股票投资打下一个坚实的生活基础。

一般人从进入股市到真正懂得股市投资之道至少需要10年的时间——这已经是非常幸运的极少数人。绝大多数人一生都搞不懂什么是股票投资。所以一个人要想实现炒股养家的梦想，在自己的股票投资收益不稳定的10年内，必须使自己10年内的生活有保障。你必须有稳定的工作收入来源，否则连饭都吃不上了，还如何继续炒股？

当投资者炒股已经有10年以上经验，并经历过多轮牛熊轮回，发现自己能连续多年稳定盈利，并且有一定的资产储备时，才可以考虑辞职来炒股养家。普通人最好把大多数时间放到事业中去，在业余时间每月定投指数基金就足够了。炒股养家是一个很危险的想法，因为投资者刚开始进入股市时并不知道自己是否适合炒股，当在股市里打拼很多年以后发现自己并不适合炒股时，往往青春已逝，影响了家庭，耽误了事业。

在业余时间炒股或者投资基金才是最切合实际的想法。以我自己为例，我在入市五年后一度怀疑自己并不适合炒股，我差点儿离开股市。多年后，我才发现自己其实很适合股票投资。在股票投资上我真的是一个幸运儿——找到了喜欢且适合自己性格的事业。

10.2　在股票投资中如何做到知行合一

有些投资者在学习投资一段时间后感觉道理都明白，可是一旦动手操作就完全是两回事了，于是就会提问：在股票投资中如何做到知行合一？

必须先知道为什么在股票投资中很难做到知行合一，然后才能找到针对性的解决办法。

其实不仅是股票投资，人们做任何事情都很难做到知行合一。我认为，做不到知行合一主要有两个原因。

一是没有足够深刻的认识。

有不少朋友让我讲讲"估值"的问题，实际上我以往的多篇文章已经把"估值"讲得很明白了，但是绝大多数朋友看了文章后依然没有真正地理解"估值"。他们只是在看文章时感觉自己很明白，当实际投资应用时却发现脑袋空空，缺少真正深刻的认知是我们无法做到知行合一的重要原因。

二是思维惯性。

人类的很多活动都依赖于习惯，如同一个机器人。我们每天80%甚至90%以上的行为都来源于习惯，就像按照程序工作的机器人一样。不仅是行为，我发现人们的思维也是按照习惯来进行的，这使得人们在投资和生活中很难摆脱习惯的影响。

明明知道看盘不利于长期投资，但是由于养成了天天看盘的习惯，因此，难以克制看盘的欲望，结果投资者依然天天看盘。

明明知道股票投资要先分析研究再买入，但是管不住自己的手，往往是先买股票再进行分析。

要解决上面两个问题，投资者必须做到以下两个方面。

一是努力使自己建立深刻的投资认知，这样才会有强大的驱动力做到知行合一。

以我自己为例，十多年前我越来越深刻地认识到天天看盘和短线追涨是股票投资中的坏习惯，于是我有了强烈的愿望对自己进行改变。我在电脑屏幕上贴着"冲动是魔鬼""时时看盘是坏习惯""我只是一个普通人"等话语，时刻提醒自己不要冲动追涨和沉迷于看盘。不久，这些由深刻认知所带来的行动落实起到了一定的效果，我慢慢地不再沉迷于看盘和追涨杀跌。投资者由于对股票投资中的频繁交易、满仓交易等坏习惯和错误的理念缺少真正的深刻认知，以为这些都是小毛病，没有真正地意识到它们的巨大危害，所以，当然不会有强大的驱动力来迫使自己做出改变。

二是打破习惯的束缚，建立新的良好的投资习惯。

除了要有强大的驱动力，还要通过建立新的良好的投资习惯来打破旧的投资习惯。大多数投资者都没有阅读上市公司年报的好习惯，都是简单地看一下行情软件【F10】里的简介就开始了匆忙地买入。要想改变这些不好的投资习惯，投资者需要培养自己阅读年报的习惯。投资者在刚开始阅读年报时可能会很烦躁，但是只要坚持阅读几个月，就会感觉习惯多了。

10.3　实现炒股养家的最后一个问题——胆识

缺少胆识是投资者在股票投资中的致命问题。胆识就是胆量和认知的结合。

失败的投资主要分为三种类型。

1. 有胆无识

在投资中有胆无识不会取得成功。我在年轻时炒股亏钱的主要原因是"有胆缺识"，当时我对金钱没有太多的执念，自从上班以来，我都是把工资往口袋里胡乱一塞，从来不数数有多少钱，丢失几十、上百元都很难知道。我对喜欢的事物是不计代价的，真的是花钱如流水。我进入股市不久，为了练习炒股技巧，我进行了数百次短线交易，其间上百次止损"割肉"，一度割得账户中只剩2 000多元。大多数投资者和我是不一样的，他们被套后就一动不动了，三五年都不进行交易，没有我这么"勇"。我当时在股票投资上属于有勇无谋类型，甚至想过去银行贷款炒股，幸亏银行没有贷给我。如果当时银行贷给我，那么我必定会负债累累。我是在经历了长期的股市磨砺，被迫交了很多"学费"以后，才开始痛定思痛，才开始有投资认知的提高，才开始向"有胆有识"靠近的。

2. 有识无胆

我发现不少人和我不太一样，他们人生中主要的问题是缺少胆量，主要表现为这些人似乎无所不懂。平日里他们对各行各业聊起来滔滔不绝，但是让他们去做、去落实就非常困难了。这时你就会发现他们什么都"怕"，炒股怕亏钱，做生意怕失败，搞第二职业怕影响本职工作。

我身边的人大都是这样的，虽然他们也很向往富裕的生活，但是当他们看到获得这些财富需要花费很多时间和精力，需要面对很多困难时，马上就决定放弃了。他们宁可自己的日子过得普通一些甚至贫穷一点，也不愿意面对困难。我有一位朋友，最近投资了几十万元买固收+基金，我多次劝他买股票型基金，投资固收+基金赚不了多少钱。令我没有想到的是，不久股市行情大跌，他浮亏1万多元。现在他连"固收+"都不敢投资了，居然割肉了固收+基金，开始搞纯债基金！看了他的言行，我心里暗道："又是一个普通人啊！"我从金融理财的角度替他的财富人生感到有些惋惜——他年收入几十万元，虽然比普通人的年收入要高一些，但他以债券、定期存款来理财，他的资产注定会被长期的通货膨胀无情地吞噬，几十年后个人财富的损失将会非常惊人。

3. 胆和识都缺少

这样的人可能占比最多，他们注定会在股市里投资失败。其表现为既没有正确的投资认知，又没有敢于冒险的勇气，对人生和投资中的机会既看不清又不敢把握，这样的人当然很难成功。财富最终只属于那些在投资中有胆有识的人。普通人必须在长期的投资过程中通过大量的学习和反思来提升自己的认知和勇气，如此才会在投资中做出不普通的投资决策。

10.4　我的股票投资经历

1. 我在炒股27年里花钱买到的那些教训（一）

1996年秋天，我进入了股市，在头五年里至少进行了几百次交易。大多数人都没有我这么多的交易次数，一般在亏损后就放弃了，这样可能一歇就一两年甚至10年以上。所以大多数人在股市中投资很多年，但实际上交易的次数并不太多，股票投资经验并不丰富。

我不是这样的，那时我就意识到炒股必须心狠，不能心疼自己这点钱，不能一亏钱就躺下不动，只有进行大量的交易，才可能使自己的投资水平提高。我在30岁之前的很多交易实际上并不是为了赚钱，而是为了找出自己交易时存在的错误。我当时手中有不到2万元，因为大量的"炒股试验"，仅一年时间就亏到只剩下2 000元。在当时的市场上很难找到有价值的股票类投资书籍，很多炒股书籍的内容都不切合实际。我认为，只有自己花钱在市场上大量交易找规律、搞试验才是唯一的进步道路。我每次的交易都是先做好计划，在笔记上写好本次交易希望能证实的一些想法，然后买入股票观察，把得到的结果记录下来，最后进行综合分析。

当时我通过大量的交易发现市场上几乎所有的交易方法都是错误的，包括很多投资名家讲的投资方法实际上都是纸上谈兵，根本赚不到钱。当在一两年内做了数百次交易试验后，我发现自己的投资理念已经发生了180°的转变。有一次交易亏损后，我反思了一个多月才搞清楚亏损的内在原因。在这之前，我因为同样的错误已经亏损了两次，第三次依然亏损在这个错误上面，这使我意识到前两次的反思总结并不到位，并没有找到犯错的根源。

那次的反思才让我意识到——投资者在投资中有很多错误的观念根深蒂固，很难在短时间内清除。在股票投资中只要有一个错误观念在头脑中没有肃清，这个错误观念未来就会成为一颗"炸弹"，随时可能在以后的投资中爆炸，成为重大亏损的根源。一位成熟的股票投资人一定是一个经历过很多次投资失败，并且多次进行深刻的自我批判的人。

比如"支撑位"的概念，很多书籍和专家是这样说的：股价下跌到历史上的密集成交区就会有强大的支撑出现，一般不会轻易跌破支撑。而我在大量的交易实践中发现，很多次交易中的支撑位根本就是一层纸，表现为一跌就破，毫无支撑效果。

我当时经过反思发现：历史上的密集成交区不等于现在的密集成交区。投资者是否卖出，持有成本并不是最重要的考量因素，当前的市场是否有人肯买才是关键。市场环境发生了变化，再按照历史成交情况来思考就是刻舟求剑。

当投资者看空后市时，市场的下跌很容易，只需要有一位投资者肯"割肉"，同时有一位投资者认同这个价位肯买入，就会产生成交。即使其他投资者不进行交易，股价也会轻松破掉支撑位！根本就不是大多数人都不卖，股价就容易支撑住！支撑位能否"支撑住"的关键在于是否有足够多的人在当前这个位置肯买入，而与市场持有成本无关。如果市场环境发生了变化，想买入的人极少，即使很多人的成本在这里，这里也是支撑不住的。历史上的支撑位是由于过去的市场环境造成的，当前的市场环境与过去的市场环境相比发生了变化，如果还按照以前的形态和成本去机械推测现在的情况，那不是按图索骥吗？我那时能进行大量试验，有一个很重要的原因是当时我处于单身状态，工资收入可以随意支配，敢于不计成本地拿钱做试验。好在我的这些钱没有白白损失，大量的交易试验使我在短短一两年后就走出了股票投资的误区，树立了正确的投资理念。

2. 我在炒股27年里花钱买到的那些教训（二）

股票投资必须打破一个个思维桎梏，平日所见的书本上有很多不适合自己的知识。例如，很多人相信追涨停板类的技术书籍。实际上，如果稍用逻辑思考一下就会发现这类技术有很大局限性。书中说："要追击那些即将封住涨停板的股票。"但是，如何确定一只股票即将封住涨停板呢？这实际上是很难确定的。即使离涨停只有一分钱，在追入后也不能保证它一定能封住涨停板。即使当时封住涨停板，也不能保证它全天都能保持封住涨停板的状态。

虽然当时我知道很多投资方法都有着致命的逻辑缺陷，在投资效果上也不尽如人意，但是那时我并没有找到真正有效的交易方法。我结识了当地的民间私募组织，常常看到他们谈论庄家动向、如何跟庄、如何看盘等。

那个年代庄股盛行，我希望通过看盘来分析庄家行为，找到炒股赚钱的出路，没想到在看盘上我又栽了一次大跟头。有一年是钢铁股暴涨行情，钢铁股只要公告大比例送股，就会在复牌后大涨三五个涨停板。我看中了一只钢铁股，它处于一个相对的低位，它在停盘期间公布了大比例送股方案，复牌后第一天的涨停板换手率只有8%，我断定其中的主力庄家肯定没有机会清完所有仓位，未来至少也要运作一番才能全身而退。在封住涨停板的第二天，我就冲了进去，结果在当天收盘时被套。但我坚信主力庄家不可能出完货，未来必然会有所动作，于是我决定坚守在这只股票上。

一个月后，这只钢铁股的股价经过充分调整后开始向上进攻，向上突破且创出了股价的历史新高！苦守一个月由浮亏变成浮盈10%，我非常高兴，认为自己够聪明。当天中午我在路上边走边兴奋地哼着歌曲，但是脑海里却突然浮出一个连我自己都感到可怕的念头——如果我是主力庄家，我就会利用一个月前钢铁股的送股概念热潮，在复牌当天就马上抛出一部分筹码，然后打压股价，让股价调整一个月，在逼出短线客后只留下坚定的长线持有者，最后我再拉升做一个假突破，当散户看到股票突破历史股价的形态后，他们大多会奋勇追入，这时我借机把剩下的筹码全卖给他们，这样我就可以顺利地完成清仓大甩卖了。

第二天，我不想看到的事情却真实地发生了，股价创出新高的这只钢铁股开盘就低开低走，当天就收了大阴线，然后连续三天每天都在下跌，半个月过后，我由浮盈10%变为亏损接近20%。

事实证明，这只股票价格上涨的真相真的如我想象的那样——现实中的主力庄家真的像小说、电影里一样费尽心机在高位卖出股票给散户，股市真的是一场看不见的残酷博弈。那天我为自己明白了这个道理而惊喜。我在马路上开始狂奔，我知道从这次几千元的亏损中，我领悟出了庄家出货的思路。从此，我将很难再被主力庄家套住！

有一次，股市行情大跌，有做空头迹象。我持有的华北制药却表现强劲，开盘就大涨，并且出现大量的主动性红色买盘。不久盘面上出现了绵绵不断的绿色抛盘，可以看到不断出现大手笔的成交单吃掉这些绿色的卖盘，然后又有很多笔中小抛盘出来，接着又不时地冒出大手笔的成交单吃掉这些卖盘，并护住关键的技术位。

这时的我早已非"吴下阿蒙"了，我看出这是主力庄家在出货，这些大手的成交单都是机构对倒演戏给散户看的，那些绵绵不断的中小笔抛盘才是主力庄家的真实手笔。我马上就在华北制药股价大涨上拉时抛空了所有股票。果然，第二天华北制药开盘就开始大跌，在几个月的时间里一直跌了50%多才止跌。

还有一次，我持有的金花股份调整月余。有一天尾盘突然出现几笔上万手的大笔买盘暴力拉升股价，同时有上千手的抛单不断涌出，尾盘在大单的暴力拉升下收出大阳线。但是，第二天金花股份开盘后股价却低开低走，我思考半个小时后想明白了，昨天是主力庄家的虚晃一枪，就是为了麻痹散户，但又不想多花银子。我马上以成本价清空了金花股份。多年后我才发现，我那时卖在了金花股份10年股价的最高点！在之后的几个月时间里，金花股份的股价最多跌了70%多。

由于我当时无数次成功逃顶，我一度为自己的逃顶能力而骄傲，写下了《止损的最高境界》一文。可是，后来我却发现有逃顶的本领并不能保证我在股市里赚到钱。

3. 我在炒股27年里花钱买到的那些教训（三）

有一年，我买完一只零售百货股票，不久就被套住了。实际上，当时我已看出主力资金有减仓迹象，但是我依然没有卖出。因为我对这只股票研究的时间长达两个多月，自认为对它的基本面情况了如指掌。我坚信这个下跌只是暂时的，这是一只大牛股，未来必然会大涨。但这只股票却不断下跌，我被套得越来越深。

有一次，我到同学家聊天，我的同学也是一位股民，我向他强烈推荐这只股票。我从公司基本面、主力介入程度、盘面动向等角度大谈这只股票如何之好。我大概对这只股票赞扬了有半个小时，没想到同学居然笑着说："你是不是因为自己重仓买了这只股票，所以你就怎么看怎么好？"听了这句话，我当时的内心是"咕咚"一下的。回家后，我开始思考："我真的是因为自己重仓了它，就过度看好它吗？我真的在不知不觉中失去了理性、客观的分析能力吗？"然后，我从假设自己并没有这只股票的角度来重新审视它，我惊奇地发现原来那些看似铁证如山的证据，居然有些禁不起论证。

当时我的感觉是——这太可怕了，投资者居然会因为自己关注一只股票时间过久或重仓持有一只股票而失去客观、理性地分析股票的能力！

后来我跟踪观察这只股票后续一两年的行情走势，发现它的走势平平，并没有什么大牛股迹象，我那时真的过度看好了。这就是人的一种本性：很难理性分析和决策与自己利益相关的事物。自己持有时间长的股票，就怎么看都好。投资者更关注与自己持有的股票相关的一些利好，并不由自主地放大这种利好，同时忽视甚至无视自己持有的股票的一些利空因素。

现在二十多年过去了，我做股票投资时依然担心自己不够理性。在每次交易前后，我都要无数次地问自己："我真的理性、客观吗？"不仅是普通人，就是具有丰富投资经验的巴菲特也会时常犯这样的错误。巴菲特就有几次因为不够理性，错买股票而导致大亏。一只普通的旧水壶在家中用了很多年，我们都会对它产生感情，搬家时抛弃它都可能会犹豫不舍。当我们关注一只股票的时间较长后，也容易失去对它的客观判断。当我们重仓一只股票时，就更容易失去正确的判断力，因为这涉及投资者自身的利益。后来，我发现股票投资中类似的事情很多，人性的弱点是投资者在股票投资中最大的挑战。当能看透投资分析方法的本质，能看出大资金的一些动向的时候，实际上离股票投资稳定盈利依然有很遥远的距离，因为这只是看清了外面世界的一些事物，对自己的内心依然所知甚少。

4. 我在炒股27年里花钱买到的那些教训（四）

我三十多岁就已经是一个短线高手了，特别擅长逃顶，时常一个月盈利20%

以上，自认为投资成功率还是比较高的，但是多年下来我发现自己并没有赚到多少钱，因此又陷入了迷茫。我进行了长达数月的反思，回顾自己这么多年来炒股的问题，我意识到自己炒股赚不到大钱的原因是——目光短浅或者说格局不够大。

例如，有一年股市受利空消息影响开盘跌停。在连续跌停三天后，跌停板打开后我马上清仓卖出了股票。我在"割肉"卖出之前还是有一丝犹豫的，因为我的脑海中当时闪过一个念头："一年以后现在这个点位会不会成为一个低位呢？我现在是不是在一个相对低位进行'割肉'呢？"但是我的脑海中又有一个更有力量的念头冒出来："想那么远做什么？现在卖出，等跌了以后再接回来就行了！"于是我就卖出了股票。结果我在卖出以后，就再也没有机会以更低的价格接回来了。不久，市场就掀起了一轮大牛市，我只能再次高位追涨买回股票。试想，当时如果我不在市场跌停时卖出，而是坚定持有一段时间，那么我肯定会赚得更多。

我那时的问题就是太重视眼前股票投资的利益得失，过于关注几个、几十个百分点的短期投资收益，实际就是目光短浅、格局太小，只顾眼前的投资表现。我当时每次买入股票后大多赚10个百分点就会考虑卖出，赚几十个百分点就会百分之百抛售；买入股票后超过半个月不涨就会割肉离开；买入后发现机构正在减仓就会马上进行止损。由于我不想忍受长时间的行情波动，所以，我就会在行情震荡时频繁止损，最后的结果就是多次交易累积的收益就这样被频繁地止损割得所剩无几了。

有一次，我发现申能股份的转配股只有3元多一股，而且是10股配8股，我感觉这是一个良机，于是买了很多。但是，我持有了半年多就感觉很痛苦，因为不知何时能上市交易，再加上当时是熊市，我手里的申能正股不断下跌。最后，我把这些转配股以成本价格卖出了，申能股份的正股也被我以亏损10%的价格卖出。

在我卖出一年多以后，申能的转配股居然获得了上市的资格。而且正值牛市,申能股份大涨,3元多一股的转配股可以卖到50多元一股! 如此高的收益就这样从自己的手里白白溜走了。

为什么短线交易很难在市场上赚到大钱呢? 主要有以下两个原因。

(1)买入点并不好寻找。短线交易经常会处于一种买点不好的尴尬境地,买入后股价就开始震荡: 不进行止损卖出就可能会出现股价长期在成本线附近震荡, 甚至会不断下跌导致自己深度被套的状况。这显然是短线交易所不能忍受的, 如果忍受就成了中、长线投资。在这种情况下, 短线高手一般会选择卖出, 但是频繁地卖出, 手续费累加下来也吞噬了不少以前交易中的盈利。有人说:"短线一买就涨才是高手。"成百上千次的短线交易会告诉投资者——短线交易"一买就涨"是不切实际的梦想。顶尖短线高手的交易中也有相当一部分买入后不涨的情况, 在这种情况下只能止损出局。在短期市场里左右行情的因素更复杂, 股价的走势实际上更难判断。

只有在牛市环境中, 短线交易"一买就涨"的概率才会较高, 在震荡市中做短线交易的成功率并不高。即使投资者所运用的短线交易方法恰好与当时市场或个股的震荡节奏合拍, 连续数次都做到了高抛低吸, 但这样交易下去非常容易在主升行情启动前过早地放跑股票。当发现行情可能已经进入主升行情后, 只能被迫高位买回自己的股票, 导致前面多次高抛低吸的盈利成果被这次高位买回股票的行动所吞噬, 这使得前面的一系列高抛低吸没有多大意义。如果在这次高位买回股票后, 行情再次返身向下, 那么自己又面临着选择是否止损的两难局面。

(2)短线交易者普遍缺少大局观。虽然在牛市里进行短线交易的成功概率较高, 但作为一个喜欢高度关注眼前得失的短线高手, 怎么可能只在牛市中操作? 如果短线交易者只在牛市中进行操作, 那么他本质上就已经不是一个短线交易者了, 因为他已经有了投资的大局观, 早晚会变成中、长线投资者。

在震荡市和熊市中的交易, 消耗了短线高手大量的时间、精力和金钱。由于缺少行情的大局观和对基本面不重视, 他们甚至在行情的头部区域、在绩差股上打短差，其风险之大可想而知。有人问："你当时为什么不选择做长线呢？"我那时年轻气盛，只想快速赚钱，谁又情愿年老了以后才变富呢？

5. 我在炒股27年里花钱买到的那些教训（五）

有一次，我认真研究半个多月，选择了一只医药股，在盈利30%以后就开始打差价，连续三次都获得成功，这使我在这只医药股上的盈利达到40%。但是我第四次的高抛低吸却失败了，卖出以后没能再低价买回来，结果眼看这只医药股在两个月之后又涨了一倍！当时我的内心有些崩溃，我痛恨自己又为这点蝇头小利而失去牛股！经过深入的反思，我发现自己频繁打差价的原因是内心总不希望到手的利润白白吐回去，因此，一旦发现股价有调整苗头就想马上卖出，不愿意接受到手的利润可能会失去的现实。

我这次对短线交易的反思是最深刻的，我从此为自己立下了投资规矩——以后股票赚了三五十个百分点的收益坚决不抛，宁可它们完全跌回去。我必须有坐看自己几十万元甚至上百万元盈利化为乌有的勇气。只有舍，才能有得。

不久，我买了一只机械行业的股票，买入后我发现每当这只股票盈利达到40%以后就开始下跌，使我的盈利跌回不到10%。这样的情况在半年多内反反复复出现了三次。它好像在向我喊："你怎么还不卖呢？你过山车已经坐了三回。"在这期间，我的意志也有些许的松动。但是，我的内心里有一个强大的声音警示我——你要的是财务自由，而不是这些蝇头小利！

这样，我又坚定持有半年多，这只机械股终于开始向上突破，股价一去不回头。我在这只股票上最终赚了三倍才卖出！这次的股票投资使我彻底品尝到了长线投资的甜头。从此以后，我真正地进入了中、长线投资，开始进入一个以长远视野和宏观格局来进行股票投资的阶段。

我以前有一个同事，家庭条件也不差，有一天他丢失了100元，心痛得一天没吃饭。这种过于看重财物得失的人是永远不可能在股市里赚到大钱的。我还有一个女同事，为了每个月多收入1 000元经常主动申请加夜班，我告诉她："你这个年纪还有一两年就退休了，你为了这一两万元把身体累坏了，花多少钱也治不好。你远不如找一份轻闲的工作，每天好好地看书学习，充实自己。"她没有听从我的建议，依然没日没夜地加班，一年后她就得了心脏病，并且肾炎也犯了。现在她非常后悔自己当初的决定，认为自己当时就是目光短浅。她现在退休后每天看书学习，后悔自己没有早两年这样做。

这就是人性。投资者在股票投资中大多也是这样的目光短浅，只喜欢关注眼前的投资收益得失，因此短线交易才会盛行。迅速捕捉大黑马、下一分钟买在主升浪更符合人性。在股市里像我现在这种持有股票数年不动，能有勇气坐看手里股票的投资收益大幅回吐的投资者，真的是太少了。

股票投资其实是越不着急赚钱、越把盈利目标定得低的人越容易赚到大钱。把盈利目标定为三五年以后能赚到钱，年化收益率为10%的人，其实是最容易在市场上赚到钱的。那些希望天天捕捉涨停板、马上买到大牛股的人最终往往会投资失败。

我到中年以后完全转化为一个价值投资者，一度以为只要深入分析研究上市公司，选好一两家公司的股票全力买入，然后长期持有就能赚到大钱。但是，我这样做了好几年后发现还是不行，还是赚不了多少钱。比如，有一年我经过深入分析发现了一家生产心脑血管药的上市公司，它的盈利确定性简直就是百分之百。它是心脑药的行业龙头，市场占有率也很高，都是自己的专利产品等，并且公司老总多次公开表示今年公司业绩很好。于是我全力买入这只医药股票，没想到几个月后公司公告业绩与往年同比大降80%以上！这只股票复牌后就开始了跌停之路，一个月时间就跌了50%多！我的损失惨重，一年多以后股价才涨回我的成本价。

原本我以为这样的业绩变脸是小概率事件，但在实践中发现虽然是小概率，但只要发生一次，就足以让我的投资崩盘。这样的事情发生过多次，使我意识到我的投资收益太不稳定，资金回撤太大，这样下去是不行的，于是我对集中持股的策略产生了怀疑，开始研究世界知名投资者的投资，还有我身边那些喜欢只买一只股票的朋友的多年投资收益。我发现世界知名投资者实际上都是分散投资的，我的朋友中那些喜好全仓一只股票的，十几年下来没有一个能赚到大钱的，反倒是亏损惨重的人有不少。

股票组合与资金管理的问题开始得到了我充分的重视，我每次的投资都要从股票组合开始。从此，我的投资收益不再大起大落，开始走上稳定盈利之路。虽然分散投资可能会降低我们的投资收益，但是它就像中低速行驶一样可以让我们走得更长远。人到中年以后我看中的股票，都会建立股票组合，这个组合里有10只、20只股票我也不会嫌多。投资者的股票组合中只要有一两只未来能成为大牛股，就足以提高股票组合的总收益了。无论是价值投资还是技术分析，都必须做好股票组合才行。

如果我们买10只股票，每只股票配置相同的资金，那么即使其中一只股票出现意外利空而大跌50%，那么损失也不过是5%。这个损失完全可以由股票组合中其他股票的上涨轻松挽回，并且长期持有下去，股票组合大概率最终能实现整体上的盈利。如果只买一只股票，如果它大跌50%，那么以后需要上涨100%才能回本，这要承受多么大的心理压力和资金压力！

我在27年的股票投资生涯里犯下的错误很多，好在能在过后慢慢醒悟过来。现在我每天最重要的事情是健身，因为股票投资没有捷径，只有寿命够长才能赚得更多。其次是看上市公司年报、写作、玩无人机等，生命就应如此平凡而充实。